BLV Garten- und Blumenpraxis

Werner Dittmer

Der Nutzgarten auf dem Balkon

Obst, Gemüse, Kräuter

BLV Verlagsgesellschaft
München Wien Zürich

CIP-Titelaufnahme der Deutschen Bibliothek

Dittmer, Werner:
Der Nutzgarten auf dem Balkon: Obst, Gemüse,
Kräuter / Werner Dittmer. –
München; Wien; Zürich: BLV Verlagsgesellschaft, 1988.
  (BLV Garten- und Blumenpraxis; 348)
  ISBN 3-405-13533-8

NE: GT

Bildnachweis

Alle Fotos vom Autor, außer:
Apel 11
Beckmann 77
Burda 6, 60, 67, 75, 115 l
Felbinger 109 o
Landesbildstelle Berlin 7
Neudorff 26 l
Sammer 2, 68, 79, 96 r, 98 l, 102 l, 108, 114 r
(Seidl) 97 r
Sperling 110 u, 116 ru
Stehling 14, 22, 52, 53, 71, 84, 91, 95 u,
100, 112, 117
Werkfoto Julius Wagner 109 u
Willemse 23, 114 l, 115 r, 116 ro

Titelfoto: Burda GmbH

BLV Garten- und Blumenpraxis 348

© 1988 BLV Verlagsgesellschaft mbH, München
8000 München 40

Gesamtherstellung: R. Oldenbourg, München

Printed in Germany · ISBN 3-405-13533-8

BLV Garten- und Blumenpraxis

Inhalt

Lieber Leser,

Skatspielern unter Ihnen ist der Begriff »Nachkarten« sicher vertraut. Nichteingeweihten sei gesagt, daß es sich dabei um das gelegentlich ausbrechende Streitgespräch unter den Beteiligten nach einem Spiel handelt.

Ähnlich unbeliebt sind bei der jüngeren Generation Gespräche, in denen Sätze mit »damals in der schlechten Zeit« oder »kurz nach dem Krieg« beginnen. Sie werden meist als etwas betrachtet, das zwischen einer Art von Nostalgie und »persönlicher Vergangenheitsbewältigung« angesiedelt ist: – Schwer verständlich, schon gar nicht nachvollziehbar und darüber hinaus manchmal sehr lästig. So, wie unsere Kinder und sogar schon Enkel irgendwann den Kindermärchen entwachsen sind und auch nicht mehr an den Weihnachtsmann glauben, so belächeln sie insgeheim oder offen mitleidig unsere Erzählungen von damals. Nun, das ist kein Wunder, fehlt doch zum Verständnis dafür, wie schlecht und schwer Lebensumstände werden können, zumindest eigene Erfahrung als Vergleichsmaßstab, ja sogar das Vorstellungsvermögen. Von der Geduld des Zuhörers gar nicht zu reden, obwohl vielen dieser Gespräche der Versuch zugrunde liegt, Empfehlungen weiterzugeben und mit eigenen Erfahrungen untermauern zu wollen.

Sie werden auch sicher gleich verstehen, warum ich diesen Gedankenspaziergang mit Ihnen machen möchte.

Wer damals das Glück hatte, in Stadtnähe einen Haus- oder Kleingarten zu besitzen, konnte zwar die spärlich zugeteilten Rationen aufbessern, aber es fanden sich auch viele, die – zurückhaltend ausgedrückt – da ernten wollten, wo sie selbst gar nicht gesät hatten. So richteten die erwachsenen Familienmitglieder in ihren Gärten rund um die Uhr einen Wachdienst ein, um die Früchte ihrer Arbeit auch selbst ernten zu können.

Wer keinen eigenen Garten hatte, ließ sich eben etwas einfallen. So wuchs zum Beispiel im Berliner Tiergarten, einst Parkanlage mit altem Baumbestand und Spazierwegen, eine Art wilder Kleingartenkolonie.

Vorwort

Kaum, daß die letzten Sirenen und Granateinschläge endgültig verstummt waren, wurden die Bombentrichter zwischen den alten, zerfetzten Bäumen zugeschüttet und die Rasenflächen umfunktioniert. Aus verrosteten Metallbettgestellen aus den Trümmern, mit rostigem Draht, alten Türen und ähnlichem Material entstanden die abenteuerlichsten, zaunähnlichen Gebilde, um ein Fleckchen Erde einzugrenzen und als Nutzgarten zu bestellen. Lange ging das nicht gut, – irgendwann im zweiten Jahr nach dem Kriegsende verbot die Stadtverwaltung diese nicht ganz legale Nutzung und ging daran, den Park wiederherzustellen.

Die damals heimatlos gewordenen Neu-Gärtner zogen um, an Bahndämme und – wie, um das Sprichwort zu bestätigen, daß neues Leben aus den Ruinen blüht – auf die ehemals begrünten Höfe von Trümmergrundstücken. Und – sie zogen teilweise auf ihren Balkon, wo in Wassereimern Tomaten, in Blumenkästen Spinat und Radieschen wuchsen, grüne Bohnen am Balkongitter und wo sich zum Teil sogar wohlbehütet und fremdem Zugriff entzogen Hühner und Kaninchen tummelten.

Sie sehen, wir sind schon fast beim Thema, und der Spaziergang in die Vergangenheit war gar nicht so lang. Sicher, damals war die praktische, gärtnerische Nutzung des Balkons oder einer Terrasse eine aus der Not und dem Hunger geborene Lösung. Heute haben wir ganz andere Vorstellungen, wenn wir unseren Balkon oder eine Terrasse nutzbringend begrünen. Allerdings – die Grundlagen sind fast die gleichen, abgesehen davon, daß inzwischen Samenzuchtbetriebe und Baumschulen eine ganze Reihe von neuen, speziellen Züchtungen entwickelt haben, die ausdrücklich für die Balkongärtnerei bestimmt und geeignet sind.

So war also das »Nachkarten«, das Suchen in meiner Erinnerung von »damals« nicht ganz überflüssig. Sie können so zumindest auf gemachte Erfahrungen zurückgreifen.

Übrigens – Erfahrungen: Ich will diesem Buch mit Absicht Pannen und Schwierigkeiten, die entweder mir selbst oder meinen Freunden beim Balkongärtnern begegneten, nicht verschweigen. Auch aus Fehlern kann man ja schließlich lernen und so kann ich Ihnen vielleicht von vornherein Enttäuschungen und Fehlergebnisse ersparen. Denn alles, was in diesem Buch vorgestellt wird, ist entweder selbst oder gemeinsam mit Freunden und Bekannten auf deren Balkonen und Terrassen für Sie erprobt.

Nun, es gibt also viel Erfreuliches zu tun – packen Sie's doch einfach an! Ich wünsche Ihnen dabei viel Spaß, Vergnügen und ein gutes Gelingen, und dazu einen »grünen Daumen«.

Werner Dittmer

Gärtnerei aus Liebe

Dies soll in der Hauptsache ein Buch für Stadtbewohner sein, denn in ländlichen Gegenden hat man – mehr oder weniger traditionell – den liebevoll gepflegten Hausgarten mit Obst und Gemüse. Ein solcher Garten dient natürlich heutzutage längst nicht mehr dazu, Versorgungslücken zu schließen. Ebensowenig ist der Grund dafür, den Balkon einmal anders, nutzbringend, zu bepflanzen darin zu suchen, daß es uns etwa immer noch schlecht geht. Nein, das Motiv ist ganz woanders zu suchen.

Die stuckverzierten Balkone alter Häuser dienten mehr als Zierde der Fassade.

Auf dem Lande lebte man von jeher in und mit der Natur. Zwischen Stein, Asphalt und Beton in der Stadt ist Grün aber immer schon zu kurz gekommen. Heinrich Zille, Berliner Zeichner und bissiger Chronist des »Milljöh« in den Mietkasernen der Arbeiterviertel mit ihren lichtlosen Hinterhöfen hat es treffend zu beschreiben gewußt: Aus dem Steinpflaster des engen Hinterhofes wächst zaghaft und kümmerlich eine einzelne Blume. Die ist aber in dieser ärmlichen Umgebung so selten und kostbar, daß die herumstehenden Kinder von der Mutter mit den Worten: »Wollt ihr weg von de Blume, spielt mit'm Müllkasten« fortgejagt werden.

In den gutbürgerlichen Häusern sah es etwas besser aus. Dort hatte man, durch verschnörkelte schmiedeeiserne Gitter sorgsam ge-schützt, einen kleinen Vorgarten mit etwas Rasen, ein paar Blumen und vielleicht einem säuberlich geschnittenen Buchsbaum. Balkone gab es zwar, aber sie wurden sehr selten benutzt oder mit Blumen bepflanzt. Sie waren eher so eine Art mit Stuck verschnörkelter Fassadenzierde. Wer Natur wollte, »erging sich« in den öffentlichen Parks oder fuhr in die Umgebung, um dort spazierenzugehen.

Das sogenannte »öffentliche Grün«, also die Parkanlagen, gestattete auch nur ein sehr distanziertes Verhältnis zur Natur. Dafür sorgten die Schilder »Betreten verboten« oder die Mahnung »Bürger, schützt Eure Anlagen«.

Mietkasernen und Bürgerhäuser fielen während des letzten Krieges dann ohne Klassenunterschiede einträchtig Bomben und Granaten zum Opfer. An ihrer Stelle entstan-

Einführung

An den sozialen Wohnungsbauten fielen Balkone als teures, unnötiges Beiwerk fort.

den meist schmucklose, gleichförmige Wohnblöcke im sozialen Wohnungsbau. Da wurden funktionelle, eintönige Wohnmaschinen zur schnellen Behebung der Wohnungsnot aus dem Boden gestampft, glatte Fassaden ohne Balkone, und die Vorgärten verschwanden zugunsten breiterer Straßen oder Parktaschen.

Wenn zwischen den Häusern überhaupt in Form kleiner Rasenflächen etwas »Alibigrün« angelegt wurde, war auch hier – laut Verbotsschild – »das Spielen der Kinder verboten«. In den fünfziger Jahren, nach der Währungsreform, spielten die Balkone, die übriggeblieben oder neu gebaut worden waren, eine ganz beachtliche Rolle. Sie waren so eine Art zusätzlicher Wohnraum unter freiem Himmel, den die ganze Familie zur Sommerzeit benutzte. Da wurde am Wochenende Kaffee ge-

trunken, nicht immer zur Freude der Nachbarn gegrillt oder mit Freunden eine Bowle angesetzt. Manch einer verbrachte sogar seinen Urlaub „auf Balkonien", seiner ganz privaten Wunschinsel, die an ihren Rändern malerisch mit Geranien und Petunien bepflanzt wurde.

Seitdem hat sich zwar die Zahl der Gärtnereien, die sich auf die Anzucht und den Verkauf von Balkonblumen spezialisiert haben, vervielfacht –, aber gehen Sie einmal mit offenen Augen durch die Stadt, – wenn Sie Glück haben, finden Sie unter zehn Balkonen trotzdem nur einen oder zwei mit schönem Blumenschmuck. Andere sind zum Wäschetrocknen oder zur Abstellkammer degradiert.

Dem Leben auf dem Balkon war leider nur eine sehr kurze Lebensdauer beschieden. Heute hat man ein Auto, fährt hinaus »ins Grüne«, ins Schwimmbad oder die umliegenden Wälder, trinkt seinen Kaffee im Ausflugslokal und – wenn man mit seinem Auto nicht mit Gleichgesinnten im gemeinsam verursachten Stau steckt – wandert man durch die Natur. Und der Traumurlaub findet heute anstatt auf dem erträumten Balkonien mindestens auf der realen Insel Mallorca statt. Wozu denn noch den Balkon bepflanzen? Der Grund sollte eine gesunde Mischung aus Liebe zur Natur und purem Egoismus sein. Das hört sich vielleicht im Moment etwas kompliziert an, ist es aber gar nicht.

Einführung

Städtische Garten- und Grünflächenämter haben ihre Hof- und Fassadenbegrünungsaktionen nicht allein deswegen gestartet, um in die grauen und freudlosen Städte etwas von dem zurückzubringen, was als »Lebensqualität« bezeichnet wird. Wenn wir nicht aufpassen, geht es bei all dem Schmutz und Gestank, den wir täglich selbst produzieren, bald nur noch um unsere »Überlebens«-Qualität. Jedes bißchen Grün aber, das wir vor dem Fenster oder auf dem Balkon anpflanzen, produziert den für uns so lebenswichtigen Sauerstoff. Und dabei ist es gleich, ob wir nun Blumen oder Nutzpflanzen auf unserem Balkon ansiedeln! Glücklicherweise sind wir doch alle ein bißchen umweltbewußter geworden, wissen um die Gefahren, die unserem Wasser und unserer Luft drohen. Natur findet nicht mehr nur außerhalb unserer Häuser und Städte statt und wird dort »konsumiert«. Wir wissen inzwischen, daß wir ein Teil von ihr sind und alles, was wir ihr antun, schließlich auf uns selbst eines Tages zurückfallen wird. Soweit zum Thema „Überlebens-Qualität" und wünschenswertem gesunden Egoismus. Zur zitierten Liebe zur Natur ist es gar kein so weiter Weg mehr.
Doppelten Egoismus kann man entwickeln, wenn man seinen Balkon mit Gemüsen, Kräutern und Obst bepflanzt – man verbessert die Luftqualität und erhält feine Leckerbissen für die Küche.

Ganz mutige und fortschrittliche Balkonbesitzer ziehen schon seit einiger Zeit Küchenkräuter im Blumenkasten oder ein paar Balkontomaten im Topf. Frische Kräuter im Salat sind eben doch besser, als getrocknete aus der Dose, das hat sich herumgesprochen; und von der Pflanze reif gepflückt schmeckt eine Tomate eben noch so, wie sie sollte, und nicht wie eine unter Glas halbreif geerntete und künstlich nachgereifte.
Glücklicherweise sind wir aber über unseren Kochtopfrand hinaus ein bißchen umweltbewußter geworden und machen uns Gedanken über die Natur, von und mit der wir leben. Um sie wirklich etwas besser begreifen zu können, ist so ein bißchen »Gärtnern aus Liebe« auf dem Balkon sicher nicht der schlechteste Weg.

Liebevoll bepflanzt waren die Balkone in den 60er Jahren. Plätze der Erholung und Entspannung. Mit wachsendem Wohlstand fand die Freizeit woanders statt.

Einführung

Das beste Beispiel dafür habe ich bei Freunden erlebt, denen ich ihren Balkon für meine praktischen Versuche vor dem Entstehen dieses Buches bepflanzt habe. Da hatten in Kästen und Containern Erdbeerpflanzen, vorgezogene Kohlrabi und Zucchini ihren Platz gefunden, Tomaten wuchsen im Kübel. Man konnte sich zwar darüber freuen, daß sie gut anwuchsen und gediehen, aber einen richtigen Bezug dazu gab es eigentlich nicht. Das änderte sich erst schlagartig, als wir Anfang Juni bei gutem Wetter gemeinsam Buschbohnen in einen der Kästen legten. Nach fünf Tagen waren die Samen gekeimt und die Pflänzchen hatten die ersten kleinen Blätter entfaltet. Die Balkonbesitzer standen wie kleine Kinder vor dem Weihnachtsbaum davor und konnten sich kaum genug wundern, was da unter ihren Händen gewachsen war. Das Ergebnis wurde nicht nur stolz den Nachbarn vorgeführt, sondern sie begannen Gartenbücher und Artikel in Zeitschriften über Gärtnern zu lesen und legten sich in kurzer Zeit ein recht beachtliches Grundwissen zu. Früher eher einen distanzierten Umgang mit der Natur durch ein paar wenige Balkonblumen gewohnt, setzten sie sich plötzlich am Wochenende auf das Fahrrad und fuhren in Kleingartenkolonien. Hier wurde dann über den Gartenzaun verglichen, was dort wuchs und was zu Hause auf dem Balkon gediehen war. Sie entwickelten eine fröhliche und zufriedene Betriebsamkeit auf ihrem Balkon, genossen die ersten reifen Tomaten mit Basilikumblättchen aus eigener Ernte, und bevor der Sommer um war, wurden bereits Anbaupläne für das nächste Jahr gemacht.

Verstehen Sie, was ich mit der Liebe zum Gärtnern meinte? Sicher werden Wissenschaftler für das Wachsen und Reifen der Pflanzen kluge Erklärungen geben können. Aber für uns, die einfachen »Normalverbraucher«, spielt sich vor unseren Augen ein Wunder ab, das wir nicht begreifen, sondern nur erkennen können. Und das ist gut so. Wir beginnen plötzlich nachzudenken über das »Wunder« Natur, ahnen zumindest Zusammenhänge und begreifen, was wir durch eigenes Fehlverhalten zu zerstören im Begriff sind.

Das mag Ihnen im Augenblick zwar ein bißchen schwärmerisch klingen und schwer nachvollziehbar zu sein. Aber denken Sie einmal darüber nach, – so weltfremd sind solche Gedanken gar nicht, sondern eher sehr realistisch.

Damit es Ihnen ein bißchen leichter fällt und Sie die ersten Erfahrungen für das Gärtnern auf Balkon und Terrasse sammeln können, (denn dazu haben Sie dieses Buch ja gekauft) empfehle ich Ihnen zur Einführung ein paar leichte gärtnerische Fingerübungen, gewissermaßen eine »Etüde für zwei grüne Daumen«. Das geht dann so:

Rechnet man einmal den ungenutzten, verschenkten Platz auf den Balkonen eines solchen Hochhauses grob zusammen, erhält man schnell den Pflanzraum einer kleinen Schrebergartenkolonie.

Besorgen Sie sich in einem Samenfachgeschäft oder Gartencenter eine Tüte Gartenkressesamen oder Gelbsenf. Auf eine Untertasse legen Sie ein gut durchnäßtes Papiertaschentuch oder ein Stück weißes Küchenkrepp. Darauf wird ziemlich dicht der Samen gestreut. Bedekken Sie den Teller mit einer Klarsichtfolie, damit sich die Feuchtigkeit hält. Nach ungefähr zwei Tagen haben die Samenkörner bei Zimmertemperatur Keime gebildet. Nun wird die Folie entfernt und das Papier während der nächsten Tage immer gut feucht gehalten. Nach ungefähr fünf bis sechs Tagen sind aus den Samen frische, grüne, mehrere Zentimeter hohe Sprossen gewachsen. Sie können diese Sprossen jetzt mit einer Schere abschneiden und sie als Würze auf einem Quarkbrot verwenden oder (bisher noch!) gekauften Tomaten einen pikanten Geschmack verleihen.

Sie werden sehen, das geht ganz einfach, und Sie haben nebenbei bereits Ihre ersten Erfahrungen mit eigenem Grün gemacht. Natürlich gibt es per Katalog oder im Gartencenter sogenannte Keimsprossen-Sets, mit denen Sie auch Sojabohnenkeime und ähnliches ziehen können, aber so etwas ist natürlich teurer.

Nachdem Sie nun schon mal ein wenig probiert haben, wollen wir uns gleich dem Balkon und seinen zukünftigen Bewohnern und ihrer Pflege zuwenden.

13

Pflanzenauswahl

Die begrenzten Unmöglichkeiten

Bevor wir uns nun gemeinsam damit beschäftigen, was sich alles auf unserem Balkon ansiedeln läßt, möchte ich doch zwei Bemerkungen vorausschicken.

Erstens: Ein Balkon ist nun einmal kein Kleingarten und noch weniger so eine Art kleiner Bauernhof zur kompletten Selbstversorgung. Und es besteht auch keine Veranlassung, nun unbedingt auch das alles anpflanzen zu wollen, was im Prinzip möglich ist. Es hängt von Ihren persönlichen Wünschen und vor allen Dingen von der Größe Ihres Balkons ab, für welche der angebotenen Möglichkeiten Sie sich entscheiden. Es gibt allerdings die eine oder andere Pflanzenart, die auf dem Balkon recht gut während der Sommermonate den Bedarf eines Vier-Personen-Haushalts decken kann. Ich werde Sie an geeigneter Stelle darauf hinweisen.

Zweitens: Es wäre eine Illusion, aus eigenem Anbau auf dem Balkon von Schadstoffen freies Obst und Gemüse erwarten zu wollen. Die Luftbelastung durch Abgase ist allgegenwärtig, und wir können ihr nicht entgehen, – vor allen Dingen nicht in der Stadt, wo durch die vielen Kraftfahrzeuge, Hausheizungen und Industrieschornsteine eine ständige Luftverschmutzung stattfindet. Sicher – in einem Haus- oder Bauerngarten auf dem Lande ist die

Luft sauberer und das Problem geringer. Denken Sie aber andererseits einmal an die kleinen Gärten hinter den typischen Bergarbeiterhäusern oder die Kleingartenkolonien, wie sie traditionell zwischen Zechen, Hütten und Kokereien an der Ruhr und im Saargebiet zu finden sind; oder an die Schrebergärten im Chemiegürtel bei Frankfurt und Ludwigshafen. Dagegen liegen wir in der Stadt noch recht gut im Mittelfeld der Luftverschmutzung. Entgehen können wir also der Belastung nirgends ganz, aber natürlich liegt es in unseren Möglichkeiten, sie so gering, wie möglich zu halten. Dazu könnte zum Beispiel beitragen, zur Düngung und zum Pflanzenschutz auf dem Balkon nur biologische Produkte zu verwenden. Das Maß der Belastung wird geringer, wenn Sie auf chemische Gifte und künstliche Dünger zugunsten organischer Mittel verzichten.

An dieser Stelle möchte ich Ihnen gleich noch einen Tip geben: Viele der Pflanzen, die für die Balkongärtnerei geeignet sind, bekommen Sie nirgends fertig vorgezogen zu kaufen. Sie müssen selbst aus Samen angezogen werden. (Wie das gemacht wird, werden Sie drei Kapitel weiter lesen können.) Ich selbst kenne aus eigener Erfahrung das Gefühl, vor einer großen Menge von Pflänzchen zu stehen, die alle aus einer einzigen Samentüte hervorgegangen sind und die man ja nicht alle verwenden kann.

Pflanzenauswahl

Tomaten sind recht unkompliziert zu ziehen.

Paprika liebt einen sonnigen Platz.

Man mag einfach etwas Lebendiges, das man selbst zum Wachsen gebracht hat, nicht einfach in die Mülltonne werfen. Es kommt einem so vor, als würde man etwas zum Tode verurteilen, das gesund, kräftig und zum Wachsen bestimmt ist. Wahrscheinlich werden Sie dieses Gefühl auch noch kennenlernen. Fragen Sie doch einmal in Ihrem Freundes-, Bekannten- oder Kollegenkreis, wer in seinem Garten für die überzähligen Pflanzen Verwendung hat oder wer sogar Ihrem Beispiel folgen und auf seinem Balkon auch ein bißchen mit Nutzpflanzen gärtnern will.

Was ist auf unserem Balkon alles möglich?

Beginnen wir mit dem, was ich im vorigen Kapitel für »gärtnerische Fingerübungen« empfohlen habe, mit Kräutern. Sie sind schon so lange Gäste auf unseren Balkonen und in den Blumenkästen zuhause, daß sie eher schon alte Bekannte sind, als eine Neuheit bei der Balkongärtnerei. Kräuter brauchen auf alle Fälle einen warmen und sonnigen Platz zum Gedeihen. Wenn Sie Kräuter in einem Blumenkasten vor einem sonnigen Küchenfenster ziehen können, haben Sie sie gleich immer dort zur Hand, wo sie gebraucht werden und sparen in den übrigen Kästen auf dem Balkon Platz für andere Pflanzen.

Die meisten Küchenkräuter erhalten Sie im Frühjahr als vorgezogene Pflanzen entweder in Gärtnereien oder auf dem Wochenmarkt in guter Qualität. Eine weitere Möglichkeit ist, sie in Töpfen selbst anzuziehen.

Balkongurken brauchen eine Rankhilfe.

Stangenbohnen an Stäben, als Pyramide.

Auf alle Fälle möchte ich Ihnen aber von den in Töpfchen angezogenen Kräutern aus dem Supermarkt abraten. Sie sind nämlich in Spezialgärtnereien für den baldigen Verbrauch als frisches Kraut in der Küche angetrieben, zum Umpflanzen und Weiterkultivieren sind sie weniger geeignet, weil meist zu schwach. Wenn Sie auf Ihrem Balkon Tomaten ziehen wollen, sollten Sie auf alle Fälle reichlich Basilikum pflanzen. Kein anderes Kraut paßt so gut zu Tomaten, und – einmal ausprobiert – werden Sie es bald nicht mehr missen wollen.

Tomaten sind ebenfalls alte Bekannte als Nutzpflanzen auf dem Balkon. Sie lassen sich recht einfach und problemlos in Wassereimern oder Containern anpflanzen. Sie brauchen einen sonnigen Platz,

viel Wasser und während sie Früchte tragen eine Nachdüngung mit Flüssig- oder anderem geeigneten Dünger.

Pflanzen erhalten Sie in Gärtnereien oder auf dem Wochenmarkt, und zwar die gängigen, runden Standardsorten und auch Fleischtomaten. Die kleinen, sehr aromatischen und süßlichen Cocktail- oder Kirschtomaten werden fast gar nicht angeboten. Sie sind aber sehr empfehlenswert und können aus Samen selbst angezogen werden. Zwei kräftige Tomatenpflanzen in Wassereimern oder Containern und dazu vielleicht noch eine Cocktailtomate können ohne weiteres während der Sommerzeit den Bedarf einer vierköpfigen Familie decken. Schließlich ißt man ja nicht täglich und ständig nur Tomaten.

Pflanzenauswahl

Wachsbohnen eignen sich gut für Kästen.

Pflücksalat kann in Töpfen gezogen werden.

Salat können Sie sehr gut auf dem Balkon ziehen. Ich würde Ihnen aber nicht gerade zu Kopfsalat raten. Nicht etwa, weil das nicht funktioniert, – ganz im Gegenteil, ich habe schon herrliche Salatköpfe aus Blumenkästen geerntet. Aber bis sich feste, erntereife Köpfe gebildet haben, vergeht einige Zeit, in der der Kasten blockiert ist und keinen anderen Ertrag bringt. Außerdem benötigt Kopfsalat viel Platz. Nehmen Sie aber statt dessen Pflücksalat, können Sie immer wieder kleinere Portionen ernten. Die Herzblätter bleiben stehen und es wachsen ständig neue Blätter nach. Bis die Salatpflanzen nach der Aussaat im Frühjahr aufgegangen sind, können Sie im gleichen Kasten zwei Reihen Radieschen säen. Sie wachsen schnell heran, sind bald erntereif und machen dann den nachwachsenden Salatpflanzen Platz. Sie können aber auch einen Extra-

kasten mit Radieschen vorsehen. Es gibt die frühen Sorten, die für die Frühjahrsaussaat und auch für den Herbst geeignet sind und eine spezielle Sommersorte. Auf diese Weise können Sie – mit entsprechender Nachsaat – das ganze Jahr über knackig-frische Radieschen ernten. Sie sehen, mit Tomaten, Salat, Radieschen und frischen Kräutern haben wir schon fast ein komplettes Programm an Salatgemüse, das sich auch auf einem kleinen Balkon verwirklichen läßt. Und es bleibt daneben auch noch Platz für Blumen, wenn Sie auf den Blütenschmuck nicht ganz verzichten wollen.

Bleiben wir auf dem nun schon einmal eingeschlagenen Weg und sehen uns weitere balkongeeignete Gemüsepflanzen an, die sehr gut in einen Salat passen würden.

Da wäre einmal der bekannte Gemüsepaprika. Er läßt sich sowohl in

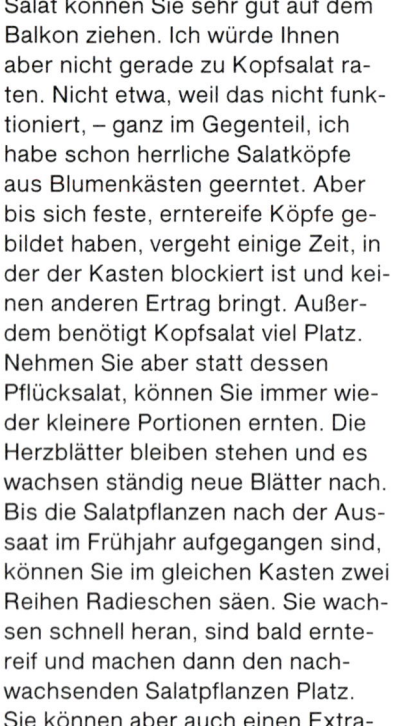

18

Zucchini brauchen Platz für ihr Wachstum.

Kohlrabi im Kasten: gut düngen.

Kästen, als auch großen Töpfen ziehen, braucht aber einen sonnigen Standort, am besten vor einer warmen Wand. Eine andere Paprikasorte hat kleine, längliche Früchte, die Peperoni ähneln, aber nicht scharf, sondern mild sind (z. B. die Sorte 'Festival', Zierpaprika von Sperling oder 'Sweet Banana'). Diese Sorte ist nach Angaben des Züchters hervorragend für Balkonkästen und Töpfe geeignet. Natürlich gilt das ebenso für vergleichbare Sorten, mit der genannten habe ich allerdings eigene, gute Erfahrungen gemacht. Paprika ist sehr reich an Vitamin C und somit roh eine hervorragende Zutat zum Salat. Ebenfalls gut auf dem Balkon anzubauen sind Salatgurken. Auch hier gibt es bereits Spezialzüchtungen für den Balkonkasten. Ihre Früchte sind kürzer als die im Handel käuflichen Salatgurken, sie erreichen meist eine Länge von ca. 30 cm, ha-

ben aber so eine ideale Portionsgröße. Gurken können im Kasten gepflanzt werden (Pflanzen selbst anziehen), brauchen sonnigen Standort an einer Mauer oder einer Balkon-Trennwand und eine Rankhilfe in Form von Drähten oder einfach gespannter Paketschnur. Diese Balkongurkensorten sind »jungfernfrüchtig«, das heißt, sie sind rein weiblich und jede Blüte bringt eine Frucht.
Verlassen wir hiermit die Gruppe der Pflanzen, die uns einen hervorragenden frischen Salat liefern können, bleiben wir aber, da es sich gerade so ergibt, bei den anderen rankenden Pflanzen.
Feuerbohnen, als Sichtschutz auf dem Balkon gezogen, sind nun wirklich nichts Neues mehr. Wer aber die etwas rustikalen Feuerbohnen als Gemüse nicht mag, kann ruhig ganz normale Stangenbohnen nehmen. Es empfehlen sich die fa-

Pflanzenauswahl

denlosen Sorten. Bohnen sollten allerdings nicht mit stark stickstoffhaltigem Dünger behandelt werden. Wie alle Leguminosen können sie sich nämlich den Stickstoff aus der Luft nutzbar machen; mit Hilfe kleiner Knöllchen an ihren Wurzeln, in denen Bakterien leben, wird der Stickstoff aufgenommen und gespeichert. Hier empfiehlt sich ein biologisch-organischer Dünger.

Außer Gurken und Bohnen können Sie an Rankhilfen an warmen, sonnigen Standorten auch zum Beispiel Honigmelonen ziehen. An geschützten Stellen hängen im Spätsommer an den Ranken kleine, zuckersüße Melonen.

Zum Begrünen von Wänden und Trenngittern eignen sich auch Erbsen. Ihnen geben Sie am besten als Rankhilfe ein kleines Gitter aus dünnem Maschendraht oder nehmen Sie ein dünnes Nylonnetz, wie es von Gartenversendern als Kletterhilfe angeboten wird.

Eine rankende Neuheit ist der sogenannte Melonen-Squash aus der Kürbisfamilie. Die vorgezogenen Pflanzen wachsen recht gut in einem größeren Gefäß, brauchen einen sonnigen Platz, reichlich Dünger und eine Rankhilfe. Die glocken- oder birnenförmigen Früchte, also mit schlankem Hals und unten bauchig, lassen sich gut bis in den Winter hinein lagern, das Fruchtfleisch schmeckt süßlich-mehlig nach Melone und kann entweder in Streifen oder Würfel geschnitten roh in einen Salat gemischt oder in Scheiben geschnitten und in Butter in einer Pfanne gedünstet als Beilage gegessen werden.

Ebenfalls eine Wachstumsunterstützung braucht der neu auf den Markt gekommene Neuseeländer Spinat. Nach Angaben des Versenders reichen sechs Pflanzen für den Bedarf in einem Haushalt mit vier Personen. Die Pflanzen werden 80–100 cm hoch, sollten also eine Stütze bekommen. Zubereitet wird der Neuseeländer wie Blattspinat.

Kommen wir auf »den Boden der Tatsachen« zurück, zu den nicht rankenden Pflanzen und bleiben wir, schon einmal dort gelandet, beim Spinat. Sie können ihn ebenfalls in Kästen ziehen, im Spätsommer – wenn andere Pflanzen im Kasten abgeerntet sind und Platz gemacht haben – können Sie Spinat als sogenannte Nachkultur aussäen. Das bedeutet, daß der Platz im nun leeren Kasten weiter genutzt werden kann. Eine weitere Möglichkeit ist die Aussaat von Feldsalat, auch als Rapunzel bekannt. Er ist winterhart und kann vom Spätherbst bis in den April hinein geerntet werden.

Sie können sogar im Winter in Ihrem Keller im Plastikeimer ohne Deckerde Chicorée treiben, die dazu benötigten Wurzeln erhalten Sie, wenn Sie die Pflanzen während des Sommers anziehen.

Ebenfalls entweder zur Nachkultur ab September in geräumten Kästen oder aber in klimatisch günstigen

Pflanzenauswahl

Gegenden ab März im Kasten können Sie die neue Zuchtsorte des Löwenzahn als Salatpflanze aussäen. Bei der Frühjahrskultur ist er bereits abgeerntet, wenn Sie den Platz im Kasten für andere Pflanzen brauchen. Jung geerntet ist der Löwenzahn eine sehr gesunde Salatpflanze.

Bis jetzt haben wir nur von den Vor- und Nachkulturen gesprochen, nun – das ergab sich so, weil wir ja automatisch auf den Spinat zu sprechen kamen. Natürlich habe ich nicht vergessen, daß ja da einiges für die Zeit des Hauptwachstums im Sommer zu sagen ist.

Neben den Tomaten im Eimer oder Container können Sie in größeren Blumentöpfen oder im Balkonkasten eine Spezialzüchtung anpflanzen, die Balkon-Buschtomate. Sie ist, wie der Name sagt, buschig-kleinwüchsig, der Ertrag ist allerdings nicht so hoch, wie bei normalen Tomaten. Ich würde Ihnen also auf alle Fälle die normalen Sorten wegen des besseren Ertrages empfehlen.

Außer Stangenbohnen können Sie im Kasten – ohne Rankhilfe – auch Buschbohnen ziehen. Wählen Sie hier am besten die gelbfrüchtigen Wachsbohnen. Der Ertrag im Kasten ist nicht so hoch, daß es zu mehreren ausgiebigen Mahlzeiten reichen würde, aber doch für ein paar köstliche Portionen Salat. Es gibt allerdings jetzt auch Busch-Feuerbohnen.

Wenn Sie aber Platz in zwei Kästen haben, probieren Sie doch einmal die sogenannten Filetbohnen, die jung geerntet die zarten Butterböhnchen ergeben.

Gut gedeihen in Balkonkästen auch erstaunlicherweise Kohlrabi. Außer in Kästen lassen sie sich übrigens gut als sogenannte Unterpflanzung in großen Kübeln unter Obstbäumchen oder Beeren-Hochstämmchen pflanzen. Natürlich gilt auch hier, daß Sie dabei keine Vollversorgung erwarten sollten. Wenn Sie in einer Balkon- oder Terrassenecke Platz für einen sogenannten Pflanzsack haben sollten, (mehr darüber im nächsten Kapitel) probieren Sie doch ruhig einmal die Sorte 'Superschmelz' von Sperling. Die Knollen sollen im Freiland bis 5 kg schwer werden können. Auf Balkon und Terrasse wird uns diese Größe wohl nicht gelingen. Aber Knollen von einer Größe, die eine ausreichende Beilage für eine Mahlzeit ergeben, sind möglich.

Säen Sie rote Bete in engerem Abstand im Kasten aus und ernten Sie sie jung, bekommen Sie die kleinen Baby-Beets, gut als Beilage oder im Salat geeignet.

Zwiebeln sollten Sie nicht unbedingt ziehen. Sie gibt es nun wirklich reichlich und preiswert zu kaufen. Aber es lohnt, wenn Sie in einem Kasten oder einer größeren Schale Schalotten setzen. Diese kleinen Zwiebeln sind recht teuer, nicht immer zu bekommen, und da sie zum

Pflanzenauswahl

Beispiel für delikate Soßen nur in kleinen Mengen gebraucht werden, kann sich der Selbstanbau wirklich lohnen.

Zucchini brauchen einen großen Behälter, aber dann wachsen sie auch auf Balkon und Terrasse. Sie haben die Wahl zwischen der gelb- und der grünfrüchtigen Sorte. Ein Geschmacksunterschied ist nicht festzustellen, aber die großen gelben Früchte zwischen dem dunkelgrünen Laub sehen auf dem Balkon sehr hübsch aus.

Zum Abschluß der Salat- und Gemüsebepflanzung noch eine Kuriosität: Sie können in einem großen Plastikeimer oder in einem Container auch Frühkartoffeln ziehen! Wie das funktioniert, beschreibe ich Ihnen später. Jetzt nur soviel dazu: So ein Behälter nimmt nicht viel Platz weg, und die Erntemenge reicht schon für ein paar Mahlzeiten. Frühkartoffeln sind, wenn sie auf den Markt kommen, sehr teuer. Sie haben die Möglichkeit, sie selbst recht einfach und preiswert anziehen zu können. Und ein Spaß dazu ist es auch noch.

Ganz schöne Früchtchen

Nicht nur Salat- und Gemüsepflanzen können Sie auf Balkon und Terrasse ziehen. Zuchtbetriebe und Baumschulen haben in der letzten Zeit Spezial-Obstzüchtungen für Balkon und Terrasse auf den Markt gebracht. Sie hätten diese Sorten nicht entwickelt und in ihr Angebot

aufgenommen, wenn sie sich nicht davon ein Geschäft versprochen hätten. Und das ist nur möglich, wenn auch ein entsprechender Bedarf vorhanden ist. Sie sehen, Balkongärtnerei scheint nicht nur eine Zukunft, sondern auch schon eine ganz beachtliche Gegenwart zu haben.

Also, was läßt sich an Beeren und Obstsorten auf dem Balkon kultivieren? Da hätten wir zuerst einmal die leicht zu behandelnden Erdbeeren. Es gibt sie einmal als sogenannte »immertragende« Sorte für den Balkonkasten, wobei immertragend bedeutet, daß die Pflanzen vom Frühsommer bis in den Herbst hinein ständig blühen und gleichzeitig Früchte tragen. Ich habe selbst – allerdings zuerst im Garten, – mit diesen Sorten die besten Erfahrungen gemacht. Bei warmem Herbstwetter habe ich noch in den ersten Novem-

Mini-Apfelbäumchen (unten) und Kirsche (rechts) in größeren Containern.

22

Pflanzenauswahl

Sogenannte »immertragende« Kasten-Erdbeeren tragen Früchte bis in den Herbst.

bertagen (!) die letzten reifen Erdbeeren des Jahres geerntet. Ebenfalls zu den immertragenden Sorten gehören Rank-, Kletter- und Hänge-Erdbeeren. Die letzteren werden in Topfampeln zum Aufhängen angeboten.

Ebenfalls in Hängeampeln gibt es Brombeeren. Hier ist der zu erwartende Ertrag nicht so hoch, wie bei den gut tragenden Erdbeeren. Wenn Sie Platz genug auf einem großen Balkon oder einer Terrasse haben, lassen sich Brombeeren (am besten die dornenlose Sorte) und Himbeeren in größeren Pflanztrögen, wie sie zum Beispiel Eternit anbietet, an Haus- oder Trennwänden mit Erfolg ziehen.

In Kästen, Kübeln oder Pflanztrögen können Sie auch Preiselbeeren und Blaubeeren pflanzen.

Seit kurzem gibt es auch Mini-Obstbäumchen für Balkon und Terrasse. Sie werden nur ungefähr 1,50 m hoch, brauchen einen etwas größeren Container und etwas mehr Pflege, als unsere landläufigen Gemüsepflanzen. Erhältlich sind sie bei vielen Gartenversendern, in den Katalogen finden Sie Kirsch-, Apfel-, Pfirsich- und Nektarinenbäumchen. Bei ausreichendem Platz bieten sich auch Apfel- oder Birnbäumchen in U-Form gezogen an. Es gibt sie sogar bei den Versendern mit zwei verschiedenen Sorten, die auf einem Stamm veredelt sind.

Zum Schluß möchte ich Ihnen noch zwei »Exoten« vorstellen. Da wäre einmal der sogenannte Tomatenbaum, der allerdings mit der Tomate nur soviel zu tun hat, als daß die eierförmigen Früchte tomatenrot sind und entfernt an die bekannte Gemüsepflanze erinnern. Im Geschmack liegen die Früchte zwischen Kiwi und Maracuja. Die kleinen Bäumchen werden aus Samen angezogen (Sperling) und tragen vom zweiten Jahr an. Bei der Anzucht aus Samen kann es allerdings Schwierigkeiten beim Aufgehen geben. Wenn Sie aber in einem Feinkostgeschäft oder am Obststand großer Kaufhäuser eine frische Baumtomate kaufen und die Samen aus der Frucht auslegen, klappt es besser.

Auch beim Erdbeerbäumchen erinnern nur die leuchtendrote Farbe und die Fruchtgröße an Erdbeeren. Ansonsten haben die Früchte eine pickelige Schale, ähnlich den Lychees, das wie Banane mehlige Fruchtinnere hat allerdings einen recht neutralen Geschmack. Auf alle Fälle ist so ein kleines Bäumchen mit seinen schönen, leuchtendroten Früchten ein hübscher Balkonschmuck.

Ebenso, wie sich die Mini-Obstbäumchen auf Balkon und Terrasse aufstellen lassen, können auch Johannisbeer- und Stachelbeerhochstämmchen in Pflanzgefäßen erfolgreich gezogen werden.

Es bleibt nur noch eine Frucht, die sich schwer einordnen läßt. Ist es nun eine Blume oder Beerenobst? Sicher kennen Sie die Lampionblume, die sich im Herbst mit roten, papierartigen Lampions schmückt. Ihre Schwester ist die Andenbeere, auch Kapstachelbeere genannt, obwohl sie mit Stachelbeeren so gut wie überhaupt keine Ähnlichkeit hat. Nur die Früchte erinnern im Geschmack etwas an säuerliche Stachelbeeren. Sie haben richtig gelesen: die Früchte! In den sich statt rot gelb verfärbenden ,,Lampions'' finden Sie beim Öffnen kirschgroße, gelbe Früchte, die eßbar sind. Etwas herb und säuerlich sind sie roh gegessen nicht jedermanns Geschmack, lassen sich aber gut zu Kompott oder Marmelade einkochen.

Keine Erdbeeren trägt das sogenannte »Erdbeerbäumchen«.

Die Pflanzen werden aus Samen angezogen und wie Tomaten kultiviert. Auf den Samentütchen steht zwar, daß sie einjährig sind, sie lassen sich aber überwintern und tragen im nächsten Jahr wieder. Sie werden im Spätherbst wie bei Geranien üblich heruntergeschnitten und genauso überwintert. Das heißt, kühl und mit etwas Tageslicht (Keller). Ich habe in einem temperierten Gewächshaus seit drei Jahren eine Andenbeere, die inzwischen über zwei m hoch wächst und jedes Jahr wieder neu und reichlich trägt. Auf Balkon oder Terrasse im Container gezogen und überwintert, können Sie auch lange Freude an diesem exotischen Gast haben.

Pflanzenauswahl

Austernpilze können im Plastiksack auf Substrat gezogen werden.

Ein Männlein, nicht im Walde

Es bleibt noch der Vollständigkeit halber zu erwähnen, daß wir uns als willkommener Gast etwas auf Balkon und Terrasse holen können, das kein Obst ist, aber auch nicht unter die traditionellen Gemüsepflanzen gehört: Pilze, oder präziser gesagt, Zuchtpilze.

Vielleicht kennen Sie aus Gartenkatalogen schon die Anzuchtkästchen aus Styropor, in denen Sie selbst zu Hause Champignons und die milchkaffeebraunen Egerlinge anziehen können. Dieses Verfahren funktioniert natürlich auch auf Balkon und Terrasse, vorausgesetzt, Sie haben einen schattigen Platz für die Anzuchtkisten. Pilze vertragen nämlich die durch direkte Sonneneinstrahlung entstehende große Wärme nicht.

Eine weitere Möglichkeit besteht darin, bereits beimpfte Baumstämmchen vom Züchter zu beziehen und aufzustellen. Solche präparierten Stämme werden allerdings nach meinem Wissen bisher nur von der Burbacher Pilzfarm per Post versandt. Bei den anderen Züchtern muß man sie noch selbst abholen. Seit einiger Zeit ist von der Firma Neudorff ein Anzuchtset auf dem Markt, mit dessen Hilfe Sie entweder auf mitgeliefertem Strohsubstrat im Plastiksack (ebenfalls im Set) oder in einem selbsterstellten sogenannten Pilzturm aus Obstkisten Austernpilze ziehen können. Wie das gemacht wird, erkläre ich Ihnen an anderer Stelle des Buches. Beim Ertrag können Sie auch bei der Pilzzucht von der durchschnittlichen Bedarfsdeckung einer vierköpfigen Familie ausgehen.

Käufliche, fertig beimpfte Stämme beanspruchen nur wenig Platz auf dem Balkon.

Den Pflanzen ein Zuhause

Wir wissen nun, <u>was</u> wir uns als Gäste auf Balkon und Terrasse holen können, aber es taucht nun die Frage auf, <u>wie</u> und <u>worin</u> wir ihnen ein Zuhause anbieten. Und da gibt es, auch wenn die Antwort auf diese Frage doch recht einfach erscheint, eine ganze Zahl von Möglichkeiten. Sie liegen im Bereich zwischen einer Sozialwohnung für Tomaten und Radieschens Luxusbungalow.

Quarkschachteln und Margarinebecher

Beginnen wir, wie im vorigen Kapitel, bei den Kräutern. Ich hatte Ihnen ja schon bei den »gärtnerischen Fingerübungen« S. 13 beschrieben, mit welch einfachen Mitteln Sie Keimsprossen anziehen können. Das war natürlich nur für den ersten Versuch. Wenn Sie aber Geschmack daran gefunden haben, sollten Sie es doch ein bißchen solider machen. Es ist genauso einfach und die Gefäße dafür gibt es sogar gratis. Nehmen Sie eine ausgewaschene Quarkschachtel oder eine rechteckige Margarinepackung aus Kunststoff. Der Boden wird mit einem nassen Papiertaschentuch ausgelegt oder mit weißem Küchenkrepp. Nehmen Sie bitte wegen der darin enthaltenen Farbstoffe keine bunten Kosmetiktücher aus Papier und auch keine Blätter von der Küchenrolle mit aufgedrucktem buntem Muster. Chemie, und die ist ja in den Farben enthalten, hat in unseren Würzkräutern nichts zu suchen. Die Weiterbehandlung erfolgt nach der Einsaat, wie bei den »Fingerübungen« beschrieben. Säen Sie im Abstand von 3–4 Tagen in weitere Schälchen aus, dann haben Sie laufend frische Sprossen.

Keimschalen und Kressetierchen

Es werden bei Gartenversendern und sogenannten »Neuheiten-Versandhäusern« auch Kresse-Keimschalen zum Kauf angeboten. Der Preis dafür schwankt – je nach Anbieter – zwischen knapp 5 und ungefähr 9 DM. Mit unserem Verfahren haben Sie's kostenlos, und Sie tun durch die Weiterverwendung der Schachteln auch ein bißchen für die Umwelt. Zumindest ein paar von den Kunststoffschälchen wandern nicht auf den Müll und belasten die Deponien weniger.

Solche preiswerten Kresse-Anzuchtschalen kann man komplett mit mehreren Samentütchen kaufen.

Gefäße, Substrate

Kressetiere aus Ton bekommen einen grünen, eßbaren Pelz und sehen sehr lustig aus.

Es gibt auch sogenannte »Kressetiere« zu kaufen, kleine Schafe, Kühe oder Schildkröten aus Ton, rauh gebrannt und mit Rillen auf ihren Rücken. Nach gründlichem Wässern der Tonfiguren wird der Kressesamen in die Rillen gestreut, und nach ein paar Tagen tragen die Tiere einen samtig grünen Pelz. Das sieht zwar recht possierlich aus und vielleicht ist es auch ein Gag, sich am Frühstückstisch die Kresse direkt abzuschneiden und auf die Tomate oder das Frühstücksei zu legen. Ganz abgesehen davon, daß nach dem Abernten die in den Rillen verbliebenen Samen recht mühselig mit Bürste und viel Wasser vor dem nächsten Gebrauch entfernt werden müssen.

Keimsprossen-Sets

Als Zutat zum Salat sind auch wegen ihres Gehalts an Vitaminen und Mineralstoffen andere Keimsprossen sehr beliebt. Auch hierfür wird vom Handel ein sogenanntes Keimsprossen-Set angeboten, bestehend aus drei glasklaren, flachen Kunststoffschalen für die Keime und einer weiteren, vierten als Wasser-Auffangschale. Das Ganze kostet allerdings den stolzen Preis von fast 40 DM. Dafür bekommen Sie bereits zweimal ein komplettes Sortiment Samen für Sojabohnen-, Alfalfa-, Linsen- und Kichererbsen. Von Samen-Sperling gibt es preiswertere Keimsets mit kleinen Plastikschälchen und Samen.

Statt des teuren Keimsets können Sie wieder Quarkschachteln mit einer Abdeckung aus Haushaltsfolie benutzen. Kresse, Gelbsenf und Keimsprossen können Sie entweder im Zimmer oder in der Küche auf dem Fensterbrett ziehen. Obwohl Kresse und Gelbsenf auch in Kästen in Erde ausgesät werden können, würden sie dort nur Platz für andere Pflanzen wegnehmen. Unsere übrigen Küchenkräuter dagegen wollen frische Luft und Sonne. Ihnen würden die fettigen Küchendünste oder die Zimmerluft, wenn dort geraucht wird, sicher nicht gut bekommen.

Den Keimsprossenkulturen macht das nicht so viel aus, sie wachsen innerhalb weniger Tage heran und werden abgeerntet.

Das Wichtigste bei der Anzucht von Keimsprossen ist, daß sie täglich 2 × mit frischem Wasser gespült werden.

Blumentöpfe

Sie können es aber natürlich einfacher und preiswerter haben, wenn Sie sich im Samenfachhandel oder im Gartencenter einfache Plastik- oder Tontöpfe mit Anzuchterde und Samentütchen kaufen.

Für die Kräutertöpfe bietet es sich an, sie vor einem sonnigen Fenster aufzustellen. Wo das nicht geht, benutzen Sie Topfhalter, die es ebenfalls in den genannten Geschäften zu kaufen gibt. Das sind mit einer Haltevorrichtung versehene Metallringe, die mit Dübel und Schraube entweder außen neben dem Küchenfenster (oder einem anderen, in der Sonne gelegenen) angebracht werden oder an einer sonnigen Balkon- oder Terrassenwand in Greifhöhe.

Natürlich lassen sich solche Töpfe auch einfach an sonnigem Platz auf den Balkon- oder Terrassenboden stellen.

Sehr hübsch sehen für die Kräuteranpflanzung kleine Tonkästen aus. Sie sind mit verschiedenen Motiven nach Art italienischer Terrakotta gebrannt und in Gartencentern recht preiswert zu bekommen.

Blumentöpfe eignen sich außer zum Unterbringen von Kräutern, die über Winter hereingeholt werden können und die kalte Jahreszeit im Hausinnern überstehen, besonders für einzelne, größere Pflanzen (sogenannte Solitärpflanzen).

Tontöpfe sind solchen aus Plastik immer vorzuziehen, weil sie atmen

Gefäße, Substrate

und so auch Sauerstoff in den Wurzelbereich gelangen lassen. Und überschüssige Feuchtigkeit kann durch die poröse Wandung eher verdunsten, wenn beim Gießen des Guten einmal zu vielgetan wurde.

Plastik-Blumenkästen

Selbstverständlich können Sie Ihre Küchenkräuter auch im normalen Blumenkasten ziehen. Das nimmt Ihnen dann allerdings Raum für andere Pflanzen weg. Eine günstige Lösung der Platzfrage ist in diesem Fall eine sogenannte Blumentreppe, ein Metallgestell, auf dem sich stufenförmig gegeneinander versetzt fünf Blumenkästen aufsetzen lassen. So haben Sie auf kleinem Raum gewissermaßen einen kompletten Kräutergarten untergebracht. Geschickte Heimwerker unter Ihnen werden sich eine solche Treppe aus Leisten sicher selber bauen können.
Kräuterkästen lassen sich auch direkt an der Wand anbringen. Sie brauchen dazu ein Metallgitter mit Kastenhaltern, in Fachgeschäften und Gartencentern erhältlich. So ein Gitter wird mit Dübeln an der Wand befestigt und die Kästen daran übereinandergehängt.
Fertig mit Kästen und Befestigungsmaterial wird ein solches Gitter auch im Handel angeboten.
Unsere anderen Balkongäste finden größtenteils in normalen Blumenkästen ihren Platz. Natürlich können Sie, wenn Kästen vorhanden sind,

diese weiterbenutzen. Empfehlenswert sind allerdings Kästen mit einer Breite von 20 cm. Sie bieten den Pflanzen mehr Wurzelraum und eine größere Wasser- und Nährstoffreserve. Bei Neuanschaffung rate ich Ihnen unbedingt zu den größeren Kästen, sind aber schon welche vorhanden, so wäre es vielleicht zu überlegen, sie für eine Kräutertreppe oder ein Gitter zu verwenden und an ihrer Stelle dann breitere Kästen anzuschaffen. Die gängigen Plastik-Blumenkästen sind allgemein bekannt, so ist darüber nicht viel zu sagen. Höchstens, daß ihnen auch keine ewige Lebensdauer beschieden ist. Durch die UV-Strahlung des Tageslichts bleichen irgendwann die Farben einmal aus, das Material wird nach einiger Zeit aus gleicher Ursache spröde und die Kästen können, wenn sie einmal herunterfallen sollten, leicht brechen. Bei hartem Frost kann das Plastikmaterial, besonders wenn es gealtert ist, springen. Aber das sind schließlich normale Verschleißerscheinungen, die bei jedem Produkt irgendwann einmal vorkommen. Plastikkästen sind aber auf alle Fälle die preiswerteste Balkonausstattung.

Faserkästen

Im wahren Sinne des Wortes eine alternative Möglichkeit bietet ein neu auf den Markt gekommenes Produkt, die sogenannten Faserkästen, -pflanzgefäße und -hänge-

Für Einzelpflanzen eignen sich Töpfe, Terracotta für Kräuter. Eternitkästen sind langlebig.

töpfe. Sie bestehen aus Fasern, die bei der Wiederverwertung von Altpapier gewonnen und mit einem natürlichen Harz gebunden und in Form gepreßt werden. Also ein Material, das zur Entlastung der Umwelt beitragen kann. Allerdings – und das wird von der Vertreiberfirma in dankenswerter Offenheit gesagt – ist die Lebensdauer dieser Pflanzgefäße geringer, als bei anderen Produkten. Es wird eine Garantie von 2 Jahren gegeben, wenn die Gefäße nicht auf dem Erdboden stehen, wo sie dem Einfluß von Bodenfeuchtigkeit und auch Bakterien ausgesetzt sind, sondern auf fester Unterlage. Das ist in unserem Fall

beim Balkon- oder Terrassenboden gegeben. Nach Rückfrage hat der Vertreiber allerdings bei richtiger Verwendung der Pflanzgefäße eine Lebensdauer bis zu 5 Jahren nicht ausgeschlossen. Die Gefäße können, wenn sie eines Tages ausgedient haben, auf den Kompost zum Verrotten gegeben werden, da sie – einschließlich des verwendeten Harzes zur Bindung – aus organischem Material bestehen. Immerhin ist der Preis für diese Kästen und Container spürbar höher, als bei vergleichbaren Plastikerzeugnissen. Dafür aber sind sie durch ihre Struktur atmungsaktiv, lassen Sauerstoff an den Wurzelbereich, und überschüs-

Gefäße, Substrate

Faserkästen werden aus wiederverwendetem Altpapier und natürlichen Harzen hergestellt.

sige Feuchtigkeit kann durch die Wandungen entweichen. Die Vertreiberfirma rechnet damit, daß die Produkte preiswerter werden können, wenn sie länger auf dem Markt sind und in größeren Stückzahlen verkauft werden. Außerdem wäre es wirklich zu überlegen, ob einem das persönliche Engagement für die Umwelt nicht einen kleinen, akzeptablen Mehrbetrag wert sein könnte.

Kästen mit Wasserspeicher

Die nächste Möglichkeit, den grünen Gästen auf Balkon und Terrasse ein ansprechendes Zuhause zu bieten, sind Plastikkästen mit eingebautem Wasserspeicher. Sie haben natürlich auch ihren entsprechenden Preis. Unbedingt notwendig sind solche Kästen allerdings nicht, eine gewisse Technik der Feuchtigkeitsspeicherung läßt sich auch anders anwenden. Mehr darüber finden Sie in den beiden Kapiteln über Erden und über Düngung und Bewässerung.

Eternitbehälter

Gewissermaßen der Luxusbungalow unter den Pflanzgefäßen sind Kästen und Container aus Eternit. Dieses Material wird – zumindest für den Balkon- und Gartenbereich – seit einiger Zeit asbestfrei angeboten. Statt der bisher verwendeten Asbestfasern, die im Verdacht standen, krebserregend zu sein, hat der Hersteller andere, unschädliche Fasern als Bindung im Material entwickelt.

Enternitkästen, Pflanztröge und -schalen aus diesem Material sind zwar im Verhältnis zu anderen Erzeugnissen recht teuer. Es muß allerdings gesagt werden, daß ihre Haltbarkeit unübertroffen ist. Auf dem Balkon meiner Freunde, auf dem wir die Versuchspflanzungen angelegt haben, fanden sich Eternitkästen, die bereits seit 25 Jahren ohne Abnutzungserscheinungen ihren Dienst taten. Eternitgefäße gibt es ab Werk in Grün und Dunkelbraun, ferner in »Natur«, das heißt in Zementgrau. Man kann diese ungefärbten Behälter mit einer atmungsaktiven Fassadenfarbe nach eigenen Vorstellungen streichen. Ich habe zum Beispiel ein sonniges Gelb genommen, das nicht nur hell und freundlich aussieht, sondern sehr gut Sonnenwärme reflektiert. Dadurch wird ein Überhitzen im Wurzelbereich und somit eine Beschädigung der feinen Faserwurzeln bei hohen Sommertemperaturen vermieden.

Das gleiche Problem taucht zum Beispiel bei größeren Einzelpflanzen auf, die Ihnen in einem schwarzen Plastik-Container angeliefert werden, zum Beispiel Minibäumchen, Beerenhochstämmchen oder Heidelbeeren. Pflanzen Sie diese

Gewächse möglichst bald in große Tontöpfe oder andere Container um. Das schwarze Plastikmaterial saugt Sonnenwärme regelrecht auf, das wenige Erdreich wird stark erwärmt und die feinen Faserwurzeln, wichtig für die Feuchtigkeits- und Nährstoffaufnahme, können verdorren.

Wenn Sie sich für nach eigenem Wunsch farbig gestrichene Eternitkästen entschieden haben, können Sie zum Beispiel auch große Tontöpfe im gleichen Ton mit atmungsaktiver Fassadenfarbe streichen. Ein zusätzlicher Effekt: Durch den Anstrich treten die sonst nach einiger Zeit üblichen weißen Ränder an den Tontöpfen nicht auf.

Der Haushalts-Wassereimer

Haben Sie sich zum Anpflanzen einiger Balkonbuschtomaten entschlossen, eignen sich dafür sehr gut etwas größere Töpfe aus Ton oder Plastik. Ansonsten würde ich für die normal hohen Tomaten, wie sie auch im Garten wachsen, eine schlichte »Sozial-Wohnung« empfehlen. Das heißt, pro Pflanze einen ganz normalen, einfachen Haushalt-Wassereimer aus Plastik.

Vor Jahren hatte ich einmal zwei Tomatenpflanzen nebeneinander in einen Pflanzbehälter aus grünem Kunststoff mit 40 cm Breite und entsprechender Höhe gesetzt. Auch das klappte sehr gut, die beiden Pflanzen trugen viele Früchte und deckten damit den Bedarf einer

Gefäße, Substrate

Familie mit zwei Erwachsenen und zwei Kindern. In einem solchen Behälter müssen die Tomaten allerdings eine Stütze zum Anbinden in Form von kräftigen Plastik- oder Bambusstäben bekommen. Bei reichlichem Fruchtbehang knicken sie durch das Gewicht sonst um und brechen. Ein solcher Stab findet auch bei Einzelpflanzung in Wassereimern immer noch genügend Halt im Boden, um die Pflanzen wirklich wirksam stützen zu können. Abraten möchte ich davon, normale oder Cocktailtomaten in Blumenkästen zu ziehen. Das funktioniert zwar, die Pflanzen wachsen auch gut an, blühen und tragen ganz normal. Wenn sie aber eine gewisse Höhe erreicht haben und Unterstützung brauchen, können Sie in dem wenigen Erdreich bei geringer Kastenhöhe keinen Stab einsetzen, der zum Tragen des Gewichtes genügend eigenen Halt hat. Wir haben bei meinen Freunden auf dem Balkon im vergangenen Jahr einmal diesen Versuch gemacht. Die Kästen standen vor einer sonnigen Wand, was für das Wachstum der Tomaten ideal war. Als sie dann die Höhe (und mit den ersten Früchten auch das Gewicht) erreicht hatten, wo sie eine Stütze benötigten, standen wir vor dem geschilderten Problem. Gut, wir halfen uns, indem wir an der Mauer Drähte spannten und die Tomaten daran befestigten, – aber eine Ideallösung war das wirklich nicht.

Lassen Sie mich an dieser Stelle gleich noch eine andere Erfahrung an Sie weitergeben, damit Sie sich Enttäuschungen ersparen können: Zu wenig Boden im Wurzelraum der Tomaten, wie es im Blumenkasten der Fall ist, führt zu einer unliebsamen Nebenerscheinung. Die Wasserreserve ist natürlich bei wenig Erde entsprechend klein, Tomaten brauchen aber sehr viel Feuchtigkeit und müssen deshalb auch oft gegossen werden. Bekommt die Pflanze nun in einem engen Blumenkasten mit wenig Erdreich nicht ausreichend Wasser, so wehrt sie sich gegen das Verdunsten des kostbaren Wassers dadurch, daß sie automatisch an den Früchten eine feste, dicke Schale bildet. Spätestens beim Versuch, die ersten reifen Früchte zu essen, erleben Sie dann eine böse Überraschung. Also, rein in den einfachen Wassereimer, da funktioniert es einwandfrei.

Eingebaute Bewässerung

Eternit empfiehlt für seine Kästen und Pflanztröge ein recht einfaches Verfahren zur Speicherung von Wasser. In etwa einem Fünftel der Kastenhöhe von unten gerechnet werden mit einem Bohrer seitlich 2 kleine Löcher in den Kasten gebohrt.
Dann werden die Kästen bis zur Höhe der Bohrungen mit dem Tongranulat »Lecadan« aufgefüllt. Dieses Material ist feiner als die zur Hy-

drokultur verwendeten Blähtonkugeln und hat eine Wasserspeicher-
fähigkeit von 40%. Sehr gut eignet
sich auch der hoch wasserspeichernde »Grolit 2000« Tonschaum.
Darüber wird dann normale Pflanzerde gefüllt. Das Material bewirkt so
gewissermaßen eine »Langzeitbewässerung« dadurch, daß sich die
Pflanzen mit den Wurzeln das notwendige Wasser aus dem Kasten-
boden holen. Überschüssiges Wasser läuft beim Gießen durch die Löcher ab. Sie können natürlich dieses Verfahren auch bei Ihren Plastik-Blumenkästen anwenden, wo
es genausogut funktioniert.

Gebrauchte Obstkisten eignen sich zum
Beispiel gut zur Aussaat von Radieschen.

Die Obstkiste

Zum Schluß möchte ich Ihnen noch
ein Pflanzgefäß vorstellen, das Ihnen im ersten Moment etwas selt-
sam vorkommen mag: die Obstki-
ste. In den meisten Obst- und Ge-
müsegeschäften und in Supermärk-
ten werden diese Kisten, wenn ihr
Inhalt verkauft ist, in den Abfallcon-
tainer geworfen. Und dafür sind sie
eigentlich zu schade.
Versuchen Sie, bei einem Ihnen bekannten Geschäft ein paar dieser
Kistchen zu bekommen. Zur Verwendung für einen sogenannten
Pilzturm sollten Sie aber auf alle
Fälle darauf achten, solche Obstkisten zu erhalten, die an den vier Ek-
ken oben überstehende Listen haben, damit Sie sie übereinanderstel-
len können. Zur Anzucht von Pilzen
werden die Kistchen innen mit Pla-

stikfolie ausgelegt. Die Folie an den
Rändern am besten entweder mit
Reißzwecken befestigen oder einem sogenannten Tacker mit Klammern festmachen. Haben Sie keinen
solchen Tacker, tut es auch ein
ganz normaler Brief-Klammerhefter.
Sie können solche Obstkistchen
auch zum Einsäen bzw. Bepflanzen
mit flachwurzelnden Salaten und
Radieschen benutzen. Bei Anbau
von Radieschen empfehle ich Ihnen
einen Trick: Ist die erste Saat aufgegangen und erntereif, werden Sie
natürlich nicht den Inhalt des ganzen Kastens auf einmal aufessen.
Für jede geerntete Reihe, wo der
Boden freigeworden ist, sofort wieder eine neue Reihe einsäen. So haben Sie fortlaufend das ganze Jahr
über Radieschen.
An Salaten eignen sich für die Bepflanzung vor allem Pflücksalate.
Bei der geschilderten Bepflanzung

Gefäße, Substrate

sollten Sie aber auf alle Fälle daran denken, die Folie am Boden mit Hilfe eines Nagels mit ein paar Löchern zu versehen, damit auch hier, ähnlich wie bei den mit Bodenlöchern versehenen Blumentöpfen und -kästen, überschüssiges Wasser abfließen kann. Sonst entsteht im Wurzelbereich der Pflanzen Staunässe, die zum Faulen der Wuzeln und Absterben der Pflanzen führen kann.

Solche Kisten, allerdings etwas fester und solider, aber dafür eben auch nicht kostenlos, erhalten Sie teilweise bei Gartenversendern. Es werden zwei verschiedene Arten angeboten: Einmal die übliche Form, wie man sie auch aus den Geschäften kennt – rundherum gleich hoch mit vier Eckleisten. Die zweite angebotene Art ist an drei Seiten um ein Brettchen höher als

an der Vorderseite. Beim Übereinanderstapeln ergibt sich dadurch an der Vorderseite jeweils zwischen zwei Kisten ein etwas größerer Zwischenraum. Diese Kisten eignen sich besonders gut für den Pilzturm, weil durch die vergrößerte Lücke mehr Tageslicht zwischen den einzelnen Kisten eindringen kann. Das ist für die gute Entwicklung der Zuchtpilze besonders wichtig.

Pflanzsäcke

Bei dem von Euflor vertriebenen sogenannten Pflanzsack handelt es sich um einen ganz normalen Plastiksack mit Pflanzerde. Das Besondere an ihm ist, daß – wenn er flach auf den Balkon- oder Terrassenboden gelegt wird – auf seiner Rückseite Einschnitte für Pflanzöffnungen vorgezeichnet sind. Sie werden aufgeschnitten und in die freigelegte Erde die Jungpflanzen eingesetzt.

In Pflanzsäcken können Kohlrabi, Paprika oder auch Buschbohnen Platz finden.

»Doppelreiher«

Teilweise verbieten Hauswirte das Anbringen von Blumenkästen außen am Balkongeländer. Entweder aus Sicherheitsgründen oder weil die Fassade durch überlaufendes Gießwasser verschmutzt werden könnte. Wo ein solches Verbot nicht besteht, versuchen Sie doch einmal zwei Reihen Blumenkästen! Eine außen mit bunten Blumen und eine innen mit Nutzbepflanzung. Das ist schön und praktisch zugleich.

Nicht jede käufliche Blumenerde ist auch gleichzeitig gut für Nutzpflanzen geeignet.

»Erde« ist nicht gleich Erde

Über eines, liebe Leser, sollten Sie sich gleich von Anfang an im klaren sein: Erde ist durch nichts anderes gut und wirkungsvoll zu ersetzen, als durch Erde. Ich will damit sagen, daß Sie bei der Nutzgärtnerei auf Balkon und Terrasse die besten Ergebnisse nur dann bekommen, wenn Sie den Pflanzen gleiche oder zumindest sehr ähnliche Wachstumsbedingungen bieten können, wie sie in einem Haus- oder Kleingarten vorzufinden sind.

Das soll Sie nun nicht verschrecken und dazu führen, daß Sie mutlos werden und resignieren. Ich weiß um die Schwierigkeiten und Probleme, wenn es darum geht, als Stadtbewohner für seine Blumenkästen oder Pflanzgefäße geeignete Erde zu bekommen. Bevor ich Ihnen aber dazu entsprechende Vorschläge mache oder Lösungsmöglichkeiten anbiete, machen Sie mit mir zum besseren Verständnis einen kleinen Ausflug in die Theorie und – damit verbunden – in eine negative Erfahrung aus der Praxis.

Wie soll der ideale Gartenboden beschaffen sein? Locker und krümelig, um Sauerstoff und Wasser gut an die Wurzeln gelangen zu lassen. Außerdem soll er die Fähigkeit ha-

Gefäße, Substrate

ben, Feuchtigkeit und Nährstoffe speichern zu können und darüber hinaus einen ausreichenden Humusanteil aufweisen. Der Gartenboden sollte neutral-sauer bis leicht sauer sein, also einen pH-Wert zwischen 6 und 7 haben. Solche Bodeneigenschaften finden sich meist dort, wo der Boden über längere Zeit mit Kompost oder anderen organischen Düngern, z. B. Stallmist bearbeitet worden ist. In solchen Böden gedeihen Regenwürmer, die den Boden lockern und lüften und in ausgewogenem Maße Bodenbakterien, die dazu beitragen, den Pflanzen die Nährstoffe aufzubereiten und verfügbar zu machen.

Wenn Sie einmal im Wald spazierengehen, machen Sie doch einen Versuch: Schieben Sie das trockene Laub an der Oberfläche etwas zur Seite und greifen Sie mit der Hand in den Waldboden. Sie werden erstaunt sein, wie leicht das geht. Die Erde ist locker und krümelig und strömt einen angenehmen Duft aus. Das kommt daher, daß das im Herbst herunterfallende Laub sich langsam zu Kompost zersetzt und den Boden wieder mit Nährstoffen anreichert. In dieser einen Handvoll Erde befinden sich mehr – mikroskopisch kleine – Lebewesen, als es Menschen auf unserem Planeten gibt. Das ist fast unvorstellbar, aber es stimmt. Dazu finden sich viele Regenwürmer, die auf der Suche nach reichlich vorhandener Nahrung den Boden unermüdlich durchwühlen und ihn dadurch auflockern. Dieses reiche Bodenleben spielt sich unter der schützenden Decke heruntergefallenen Laubes ab, die das Erdreich auch vor dem Austrocknen bewahrt.

Könnten wir uns davon ein paar Eimer voll mitnehmen, hätten wir schon die fast perfekte Füllung für unsere Kästen. Aber wo kämen wir denn hin, wenn wir das alle machen würden? Der ohnehin zur Genüge angeschlagene Wald würde dadurch seine einzige, noch einigermaßen gesunde Grundlage verlieren. Außerdem wäre der Waldboden, obwohl er eine hervorragende Beschaffenheit hat, für unsere Zwecke doch etwas zu sauer. Und damit kommen wir zu einem Thema, das ich Ihnen genauer erklären möchte. Das Verständnis darüber ist nämlich wichtig, wenn es um das Anmischen unserer Kastenfüllungen geht. Ob nun ein Boden »neutral« oder »sauer« ist, wird durch den schon erwähnten pH-Wert ausgedrückt. Dieser Wert ist von der Wissenschaft festgelegt. pH 7 ist ein sogenannter »neutraler« Boden, auf dem sich unsere Nutzpflanzen am wohlsten fühlen. Je niedriger die Zahl ist, um so saurer ist der Boden. So ist z. B. pH 6 schwach sauer, pH 5 wird als sauer und pH 4 als stark sauer bezeichnet. Nur ganz wenige, nämlich die sogenannten Moorbeetpflanzen (Azaleen und Rhododendren), fühlen sich bei pH-Werten zwischen 4 und 5,5 wohl.

Gefäße, Substrate

Auch Beerenobst hat etwas saueren Boden (zwischen pH 5 und 6) recht gern.

So, in etwa können Sie sich nun eine Vorstellung machen, welchen Einfluß der Säuregehalt des Bodens auf die Entwicklung unserer Pflanzen haben kann, und wenn an anderer Stelle ein pH-Wert erwähnt wird, können Sie damit etwas anfangen. Die Qualität des Bodens hängt aber nicht allein von seinem pH-Wert ab, sondern noch von vielen anderen Faktoren, von denen ich schon einige genannt habe, so zum Beispiel von der Fähigkeit, Wasser und Nährstoffe nicht nur aufnehmen, sondern auch speichern zu können und langsam wieder an die Pflanzen abzugeben.

Diese Aufgabe übernehmen in einem guten Boden vorhandene Tonmineralien. Was wir gemeinhin als »Sand« bezeichnen, ist nämlich eine Mischung. Enthalten darin sind einmal kristallförmige Partikel und ein – ich will es einmal etwas salopp bezeichnen – »erdiger« Anteil, eben die Tonmineralien. Man spricht in einem solchen Fall von einem »lehmigen« Sandboden. Im ungünstigen Gegenteil dazu handelt es sich um einen sogenannten »mageren« Sandboden. Am besten können Sie sich das vorstellen, wenn Sie in Gedanken eine Handvoll trockenen Seesand durch die Finger rinnen lassen. In einem solchen Fall sind deutlich die kleinen Sandkristalle zu erkennen, erdige Anteile fehlen so

gut wie vollständig. Gerade aber diese sind es, die in der Lage sind, Feuchtigkeit und Nährstoffe in sich aufzunehmen und zu speichern. Gute Gartenböden weisen außerdem einen ausreichenden Humusanteil auf, das ist die fruchtbare und belebte Bodenschicht, die sich aus verrotteten Pflanzenabfällen gebildet hat. Humus lockert den Boden und versorgt ihn mit Nährstoffen.

Erden zum Kaufen

Im Handel angebotene, in Säcken abgepackte Pflanzmischungen nennen sich zwar »Erden«, haben aber überwiegend mit Erde, wie man sie als Gärtner versteht, so gut wie nichts gemeinsam. Sie sind gewissermaßen Stiefschwestern eines guten, fruchtbaren Bodens. Sie werden meist auch umschreibend »Substrate« genannt, und dieses Wort bedeutet zwar wörtlich übersetzt »Grundlage, Nährboden«, hält aber einem Vergleich mit fruchtbarem Gartenboden nicht stand. So kann ein Substrat im Sinne von »Nährboden« zum Beispiel für die Hydrokultur aus Blähtonkugeln bestehen. Sie bieten den Pflanzen zwar auch eine Standmöglichkeit und Halt. Die Nahrung wird aber mit dem Gießwasser in Form von flüssigem oder im Wasser aufgelöstem chemischen Dünger zugeführt. Wer würde da von »Erde« reden wollen? Vorausgeschickt sei gesagt, daß die im Handel erhältlichen sogenannten Blumen- oder Balkonkastenerden

Gefäße, Substrate

für ein paar Geranien, Petunien oder andere Balkonblumen ausreichend geeignet sind. Kritisch betrachtet würde man den Blumen allerdings auch gern »richtige« Erde gönnen. Alle diese Substrate haben eins gemeinsam: Einen sehr hohen, teilweise bei 80–90% liegenden Torfanteil. Nun ist gegen Torf – richtig angewendet – im Prinzip nicht viel einzuwenden. Sieht man einmal davon ab, daß engagierte Naturschützer mit Recht von unnötigem Torfverbrauch abraten, um Schäden an Umwelt und Natur zu reduzieren, so ist ein sinnvoller und sparsamer Gebrauch von Torf zur Lockerung schwerer Böden, zur Ansäuerung des Bodens für Azaleen und Rhododendron und zum Abdecken von Pflanzen als Winterschutz zu akzeptieren. Es gibt allerdings längst andere Methoden, die geschilderten Maßnahmen durchzuführen und dabei – umweltbewußt – auf Torf verzichten zu können.

Torf hat – zumindest für unsere Zwecke – einige erhebliche Nachteile: Er ist viel zu sauer, ist zwar organische, aber biologisch »tote« Materie. Er enthält weder Nährstoffe, noch Bodenleben. Vor gar nicht so langer Zeit hatten billige Blumenerden aus dem Supermarkt oder auch aus Blumengeschäften noch einen Säuregrad von ungefähr pH 4,5, also für Nutzpflanzen völlig ungeeignet. Inzwischen sind die meisten Hersteller dazu übergegangen, Pflanzmischungen durch Zu-

satz von Düngekalk auf den Wert von knapp pH 6 einzustellen. Das Problem der Übersäuerung war zwar damit gelöst, und durch Zusatz von mineralischen Düngern wurde diesen Substraten als sogenannte »Vorratsdüngung« auch ein Nährstoffvorrat mit auf den Weg gegeben. Aber der Torfanteil in den Bodenmischungen war weiterhin tote organische Materie. Das wurde auch dadurch noch verstärkt, daß diese Mischungen vor dem Abfüllen in Kunststoffsäcke sterilisiert wurden, um Schadpilze und -bakterien abzutöten. Sollte jemals auch nur eine Spur von natürlichem Bodenleben in diesen »Erden« vorhanden gewesen sein, durch das Sterilisieren ist auch das vernichtet worden. Balkonkastenmischungen, wie sie fertig in Säcken angeboten werden, haben – wie schon erwähnt – einen sehr hohen Torfanteil. Sie haben daher die Eigenart, sich relativ schnell zu verdichten, das heißt, die Kastenfüllungen verlieren teilweise ihre ursprünglich lockere Beschaffenheit, ziehen sich zusammen und an den Rändern zwischen Kasten und Füllung entstehen rundherum Spalten. Beim Gießen fließt hier ein großer Teil des Gießwassers hindurch und durch die Bodenöffnungen des Kastens ab. Das Gleiche gilt auch, wenn Sie zum Beispiel ein Fertigsubstrat als Umtopf- oder Pikiererde kaufen. Ich habe die Erfahrung gemacht, daß sich das Substrat zu einem Ballen verfestigt, rundherum zwischen Topf und Füllung bildete sich ein Zwischenraum, das Wasser floß ab, ohne in das Substrat komplett einzudringen. Dieser Effekt ging sogar so weit, daß sich ein etwas trockener gewordener Ballen beim Gießen wie ein Korken auf dem Wasser im Topf anhob und nach oben schwamm. Lassen Sie sich nicht davon irritieren, wenn Sie irgendwo lesen, Torf habe eine auflockernde Wirkung. Natürlich, wird er zu einem gewissen Prozentsatz einem schweren, lehmigen Boden zugesetzt, stimmt das. Allein aber besteht er zu einem größeren Teil aus faserigen, zum kleineren aus pulverfeinen Anteilen. Diese werden beim Gießen vom Wasser aus den Fasern gelöst und auf den Topfboden gespült. Die faserigen Anteile aber fallen zusammen und verfilzen zu dem beschriebenen Ballen, der einen Rand zwischen Topf und Substrat entstehen läßt. So soll Erde also wirklich nicht sein.

Mir selbst steht, wenn ich meinen eigenen Balkon bepflanzen will, jederzeit eine geeignete, selbst angemischte Erde zur Verfügung, weil ich gute Freunde mit einem großen Garten habe, die mich mit Sand und

Oben: Die Boden-Abzugslöcher werden mit Tonscherben abgedeckt.

Mitte: Eine Sandschicht als Dränage vermeidet Staunässe.

Unten: Die Erde wird bis auf einen Gießrand aufgefüllt.

Gefäße, Substrate

Kompost versorgen können. Ich bin aber bei meinen Versuchen für dieses Buch mit Absicht davon ausgegangen, daß die meisten Balkon- und Terrassengärtner in der Stadt Schwierigkeiten in der Beschaffung geeigneter Erde haben werden. Deshalb habe ich auch gezielt eine Versuchsreihe mit käuflichen Substraten gemacht, um für Sie von vornherein Erfahrungen zu sammeln und Sie vor Enttäuschungen bewahren zu können. Hier sollen nun also die zum Beginn dieses Kapitels angesprochenen »negativen Erfahrungen« folgen.

Aussaaterde

Für die Aussaat von Kräutern und Gemüsepflanzen kaufte ich in einem Gartenfachgeschäft einen Beutel als Aussaaterde bezeichnetes Substrat. Es handelte sich um eine tiefdunkelbraune, fast schwarze, lockere, leicht feuchte Erde. Eine pH-Messung ergab einen Wert von knapp 6, also in einem recht günstigen Bereich. Die lockere Struktur und die enthaltene Feuchtigkeit ermöglichten ein leichtes, unkompliziertes Aussäen. Das Substrat bestand fast vollständig aus purem Torf, Nährstoffe waren nicht meßbar. Das allerdings ist nicht weiter erheblich, – in den Samen ist eine Nährstoffmenge enthalten, die das Keimen und Anwachsen möglich macht. Sie reicht für das erste Wachstum bis zum Umpflanzen aus. Das wird sehr deutlich bei den so-

genannten Jiffy-Pflanzballen, -Torftabletten, die in warmem Wasser aufquellen und dann eingesät werden können. Obwohl sie aus reinem Torf bestehen, wachsen die kleinen Pflänzchen in ihnen ohne zusätzliche Nährstoffbeigabe heran, bis sie umgepflanzt werden können.

Die Aussaaterde muß ständig leicht feucht gehalten werden. Trotzdem neigt sie dazu, zu verdichten und zwischen Gefäß und Füllung einen leeren Rand zu bilden. Verdichtetes Substrat kann allerdings auch auf die zarten Wurzeln, die sich bilden, Druck ausüben und sie im Wachstum behindern. Wird das Substrat einmal trocken, nimmt es eine hellbraune Farbe an, was auf puren Torf hinweist, es wird hart und erdrückt die Wurzeln. Die kleinen Pflänzchen können aufgrund des verfestigten Substrats absterben.

Solche »Aussaaterde« ist zum Säen von Kräutern und Gemüsepflanzen geeignet, darf aber nie austrocknen und erfordert deshalb ständiges, behutsames Gießen. Sobald die Jungpflanzen umgesetzt werden können, ist dies unbedingt zu empfehlen.

Pikiererde

Unter diesem Namen wird, in Kunststoffsäcken abgepackt, ein Substrat verkauft, das zu einem hohen Prozentsatz aus Torf besteht, mit einem Zusatz von gewaschenem, sogenannten »scharfem« Sand und einer geringen Stickstoff-Aufdüngung. Durch Beimischung von Düngekalk ist ein relativ günstiger pH-Wert zwischen 5,5 und 6 erreicht worden. Beim Öffnen des Kunststoffsackes sieht diese Mischung tief dunkelbraun, krümelig und leicht feucht aus, – so, wie man sich eigentlich einen guten, gehaltvollen Gartenboden vorstellt. Steht der Sack mit angebrauchter Füllung einige Tage offen, nimmt der Inhalt die typische braune Torffarbe an. Da solche Substrate grundsätzlich vor dem Abfüllen gegen eventuell enthaltene Unkrautsamen, gegen schädliche Pilze und Fremdbakterien sterilisiert werden, fehlt jedes natürliche Bodenleben. Das ist wichtig, wenn man nach ungefähr 14 Tagen, nachdem die Pflänzchen angewachsen sind, eine erste Düngung mit einem biologischen Flüssigdünger oder einem organischen Mischdünger (z. B. Oscorna) durchführen will. Solche biologischen Dünger werden nämlich erst durch Bodenbakterien aufgeschlossen und für die Pflanzen verfügbar gemacht.

Der beigemischte Sand besteht überwiegend aus kleinen, kristallartigen Körnern. Das ist ganz deutlich nach mehrmaligem Gießen zu erkennen. Der Torf neigt auch hier, wie bei der Aussaaterde beschrieben, zum Verdichten, das heißt er zieht sich zu einem Ballen zusammen und bildet den typischen Rand zwischen Topf und verfestigtem Substrat. Der scharfe Sand wird beim Gießen teilweise ausgeschwemmt und setzt sich auch an der Substratoberfläche ab. Dort kann er natürlich keine auflockernde Funktion erfüllen.

Wie man Substrate aufbessern kann

Wenn Sie wirklich keine andere Möglichkeit haben, als auf diese beschriebenen Fertigmischungen zurückzugreifen, so möchte ich Ihnen, bevor wir zu den Substraten für die Füllung der Kästen und Container kommen, einen Tip geben, wie Sie sich helfen können, um die Mischungen zu verbessern: Vielleicht werden Sie irgendwo in Ihrer Nähe eine Baustelle finden, wo gerade neu gebaut oder umgestaltet wird. Als ich mich nämlich mit der Vorarbeit zu diesem Kapitel beschäftigte, ist mir plötzlich aufgefallen, an wievielen Stellen in der Stadt Sandhaufen vor den Häusern lagen und anzeigten, daß hier Bauarbeiten vorgenommen wurden. So etwas fällt einem eigenartigerweise dann besonders auf, wenn man bewußt hinschaut. Ansonsten sieht man – weil es ja uninteressant ist – darüber hinweg. Besorgen Sie sich einen Eimer voll Sand, wobei ich mit »besorgen« nicht meine, ungefragt den Sand mitzunehmen. Eine freundliche Frage bei den Bauarbeitern wird meist ebenso freundlich beantwortet, und zur Not können Sie ja als Revanche mit einer Flasche Bier Ihren Dank abstatten.

Gefäße, Substrate

Finden Sie in Ihrer Nähe keine Baustelle mit freundlichen Bauarbeitern, die Ihnen weiterhelfen, so können Sie sich auch Sand in einer Baustoffhandlung besorgen. Vielleicht wird man Sie wegen der gewünschten geringen Menge zuerst etwas erstaunt betrachten, aber meist verwandelt sich das Erstaunen in Verständnis und Entgegenkommen, wenn man seinen Wunsch begründet hat. Mir ist in solchen Fällen immer bereitwillig geholfen worden.

In Gartencentern oder -märkten erhalten Sie größtenteils Fertigkompost zu kaufen. Ich selbst habe gute Erfahrungen mit dem Kräuterkompost von Neudorff gemacht. Er wird in Plastik-Tragetaschen abgepackt verkauft und ist – wie mir von der Herstellerfirma versichert wurde – nicht sterilisiert worden. Das bedeutet, daß die bei der Kompostierung beteiligten Bodenbakterien erhalten geblieben sind und – wenn Sie die heranwachsenden Pflänzchen organisch düngen wollen – den Dünger auch verarbeiten und pflanzenverfügbar machen können. Auf diese Weise werden die an sich durch Sterilisation »toten« Substrate wiederbelebt.

Mischen Sie nun eine Handvoll von der gekauften Aussaat- oder Pikiererde mit je einer Handvoll Sand und Fertigkompost, und Sie erhalten so eine Erde, die locker ist, luftdurchlässig und wasserspeichernd und durch den beigemischten Kompost auch Nährstoffe enthält. Ich habe damit selbst sehr gute Resultate erzielt.

Wenn Sie das Glück haben, in erreichbarer Nähe eine Gärtnerei zu finden, werden Sie dort eventuell auf Anfrage eine gute Aussaat- oder Pikiererde erhalten können, die – weil selbst nach gutem alten Gärtnerrezept angemischt – besser ist, als die Fertigprodukte, die ja industriemäßig erzeugt werden.

Soweit zu den Anzuchterden. Sie können und werden dann eine Rolle spielen, wenn Sie – zumindest teilweise – die Pflanzen selbst vorziehen wollen. Immer ist das nicht notwendig, aber darüber werden Sie mehr im nächsten Kapitel lesen können. Denn schließlich richtet sich die Notwendigkeit, statt gekaufter selbst gezogene Pflanzen verwenden zu wollen, nach Ihren Ansprüchen. Und die sind wiederum abhängig von der Balkongröße und den gewünschten Sorten.

Blumen- und Balkonkastenerden unter die Lupe genommen

Unter diesem Begriff verbirgt sich eine recht große Palette von angebotenen Substraten, die sich sowohl im Preis, als aber auch in der Qualität erheblich unterscheiden. Für einen Neuling ist es fast unmöglich, sich hier durchzufinden. Nicht unbedingt muß nämlich ein preiswerteres Produkt auch zwangsläufig eine geringere Qualität haben, als das teuere. Die Stiftung Waren-

Gefäße, Substrate

test in Berlin hat eine Untersuchung von Blumenerden durchführen lassen und das Ergebnis in ihrer Zeitschrift »test« im März 1987 veröffentlicht. Mit freundlicher Genehmigung der Redaktion darf ich Ihnen auszugsweise aus der genannten Zeitschrift die Ergebnisse weitergeben.

Untersucht wurden 23 Blumenerden, die in Verbrauchermärkten oder Gartencentern gekauft wurden. Durch dieses Verfahren war sichergestellt, daß die Testergebnisse nicht etwa dadurch beeinflußt werden konnten, daß von den Herstellern Proben zu Testzwecken besonders sorgfältig angemischt wurden. Die Proben wurden also so beschafft, wie Sie die Substrate als Balkongärtner auch kaufen würden. Diese Blumenerden sind schließlich Industrieprodukte, die in großen Mengen aus Torf, Sand, Düngemitteln und anderen Zuschlagstoffen zusammengemischt werden. Es gibt für sie auch eine DIN-Norm. Von den 23 untersuchten »Erden« entsprachen nur 6 Proben dem pH-Wert zwischen 6 und 6,8. Dieser Bereich ist für unsere Nutzpflanzen am günstigsten.

Die DIN-Norm toleriert dagegen pH-Werte zwischen 5 und 7, geht also besonders im unteren Bereich (sauer) über unser gewünschtes Maß hinaus. Trotz dieser Toleranzspanne liegen zwei Proben an der unteren Grenze, drei sind eindeutig zu sauer – also unter pH 5. Der pH-

Wert der anderen Proben bewegt sich zwischen 5 (nach DIN zulässig) und 6 bis 6,8 (von uns erwünscht). Hinzu kommt, daß die im Packungsaufdruck angegebenen pH-Werte nicht immer stimmen, – ein zusätzlicher Unsicherheitsfaktor. Der Aufdruck des pH-Wertes ist die einzige Angabe, die bei uns vorgeschrieben ist. Und so sollte man sich dann zumindest auch darauf verlassen können. Auf einer Probe war pH 5 bis 6 statt gemessener 4,2 (!) angegeben, bei einer zweiten fand sich statt aufgedrucktem pH-Wert 6 ein festgestellter von 4,9 und bei einer dritten statt deklariertem Wert 6 einer von 4,7.

Ist dies schon recht verwirrend, so gestaltet sich der »Durchblick« bei den anderen Testergebnissen noch schwieriger. So haben Produkte, deren pH-Wert unseren Wünschen entgegenkommt, wiederum einen höheren Salzgehalt als saure. Nach DIN soll der Salzanteil zwischen 1–3 g pro Liter Substrat liegen. Eine Probe lag mit 0,89 g knapp, zwei andere mit 0,42 g und 0,55 g erheblich darunter. Die meisten Pflanzen bevorzugen 1,5–2 g Salzanteil pro Liter Substrat, liegt er darüber, können sich braune Blattränder bilden. Mit 2,11 g lag eine Probe deutlich über dem wünschenswerten Anteil, zwei weitere mit 2,76 g und 2,99 g sogar erheblich.

Weitere Testpunkte waren zum Beispiel Natrium-, Kalium- und Borge-

45

halte, die teilweise so hoch sind, daß »an der Pflanzenverträglichkeit gezweifelt werden muß« (Zitat) oder die nachteilig zusammenwirken können.

Waren Sie bisher noch nicht verwirrt, so hat wahrscheinlich der letzte, vorhergehende Absatz dazu geführt. Ehrlich, – mir ist es auch nicht anders ergangen. Zu meinem Bedauern ist »test« in diesem Fall nicht, wie ansonsten gewohnt, der üblichen Praxis gefolgt und hat die geprüften Erzeugnisse mit Bewertungen zwischen »sehr gut« und »mangelhaft« zur leichteren Übersicht versehen. Statt dessen findet sich eine mit großer Genauigkeit geführte Tabelle, die selbst für einen interessierten Laien schwer überschaubar ist. Aber gerade das zeigt, wie schwierig es ist, unter den auf dem Markt befindlichen Produkten etwas für uns passendes zu finden. Ich will Sie also nicht länger mit den komplizierten Ergebnissen einer sehr sorgfältig durchgeführten wissenschaftlichen Untersuchung unnötig belasten. Kehren wir statt dessen zur handfesten Praxis zurück. Wenn sie uns wahrscheinlich auch nicht die ideale Erdmischung bescheren wird, so doch eine, die für uns als Balkongärtner in der Stadt verfügbar ist und den Anforderungen recht nahe kommt. Wahrscheinlich werden Sie in einer Gärtnerei eine Erdmischung kaufen können, die Ihren Wünschen und Bedürfnissen am nächsten kommt.

Man kann davon ausgehen, daß in solchen Betrieben keine Industrieprodukte verwendet oder verkauft werden, sondern selbst hergestellte Mischungen. Gärtnereibetriebe arbeiten nach bewährter Handwerkertradition und was sie auch für den eigenen Bedarf verwenden, ist sicher besser als Industriesubstrate und somit für unsere Zwecke gut geeignet.

Erden zum Selbermischen

Eine zweite, recht akzeptable Möglichkeit ist, daß wir unseren Erdbedarf selbst anmischen. Nehmen Sie je einen Teil Torf oder gekaufte Blumenerde, dazu einen Teil Sand und einen Teil Fertigkompost und mischen Sie alles gut durch. Sie können dieser Mischung über die im Kompost enthaltenen Nährstoffe hinaus eine Vorratsdüngung zugeben, die aus organischem Dünger bestehen sollte. Empfehlenswert ist dafür eine Mischung aus Horn-, Blut- und Knochenmehl. Ehe Sie darangehen, sie selbst herzustellen, greifen Sie lieber auf bewährte Markenartikel zurück. Ich habe zum Beispiel selbst sehr gute Ergebnisse mit Oscorna erzielt. Ein ebenfalls sehr empfehlenswertes Produkt ist »Garten-Azet« von Neudorff, eine organische Düngermischung, die zusätzlich gefriergetrocknete Bodenbakterien-Kulturen (Azotobakter) enthält, die den Dünger pflanzenverfügbar machen. Sie können auch als organischen Dün-

Am besten ist immer noch die selbst angemischte Kastenerde aus Torf, Sand und Kompost zu gleichen Teilen.

ger Hornmehl oder -späne verwenden, beides gibt es in Gartencentern und Fachgeschäften zu kaufen, ebenso wie die beiden genannten Präparate. Fügen Sie von den beschriebenen Düngern auf eine Menge Erdmischung, die dem Inhalt eines normalen 10-Liter-Wassereimers entspricht, eine knappe Handvoll zu.

Auf die beschriebene Weise erhalten Sie eine Erde zum Füllen von Kästen und Containern für die Balkongärtnerei, die zwar noch nicht einem guten, mit Kompost gepflegtem Gartenboden entspricht, aber doch für unsere Zwecke sehr brauchbar ist. Selbst wenn Sie dafür gekaufte Blumenerde verwenden, ist das Ergebnis durch die Beimischung von Sand und Kompost immer noch deutlich besser, als wenn Sie – wie aus dem Testbericht ersichtlich – eine fehlerhafte Blumen- oder Balkonkastenerde allein ver-

wenden. Immerhin weist das Untersuchungsergebnis in der Zeitschrift »test« darauf hin, daß die getesteten Substrate zwar nicht für Nutzpflanzen gedacht sind, aber doch »im Sommer für Tomaten oder für Stangenbohnen als Sichtschutz gepflanzt« verwendet werden könnten. Wollen wir also davon ausgehen, daß solche industriell hergestellten Erden für uns brauchbar sind, wenn wir sie mit Sand und Kompost aufbessern.

Kompostieren auf dem eigenen Balkon!?

Vielleicht ist in diesem Zusammenhang ein Tip für Sie nützlich, wie Sie gleichzeitig Ihren Mülleimer und somit auch die Deponie entlasten und somit einen – wenn auch kleinen – Beitrag für die Umwelt leisten können und wertvollen Kompost für Ihren Balkongarten kostenlos erhalten.

Gefäße, Substrate

1 Alle in Küche und Haushalt anfallenden organischen Abfälle lassen sich kompostieren.

2 Wichtig ist, die Abfälle gut zu zerkleinern.

3 Als erste Schicht 10 cm hoch zerkleinerte Abfälle einfüllen, ebenso hoch mit Torf abdecken.

4 Bentonit (links) saugt überschüssige Feuchtigkeit auf, Kompoststarter setzt den Prozeß in Gang.

5 Gut umrühren und anschließend leicht andrücken. Das Rühren alle 2 Tage wiederholen.

Was Sie dazu brauchen, ist einfach und billig zu beschaffen: Eine Plastiktüte, um organische Abfälle getrennt vom übrigen Hausmüll sammeln zu können, eine runde oder viereckige Plastik-Waschschüssel, einen kleinen Ballen Torf (10-Liter-Größe), einen Beutel Bentonit (Tonmineralien) und eine kleine Packung Kompoststarter.

Als »Werkzeuge« brauchen Sie einen normalen Rührlöffel aus Holz oder Plastik, wie er auch in der Küche zum Kochen verwendet wird und – das empfehle ich Ihnen – einen Fleischwolf oder ein größeres Wiegemesser mit Holzbrett. Fleischwolf oder Wiegemesser sollen dazu dienen, die Küchenabfälle so klein, wie möglich zu bekommen. Je mehr sie nämlich zerkleinert sind, um so besser verkompostieren sie.

Was eignet sich nun zum Kompostieren? Das ist recht einfach beantwortet: Alle organischen Abfälle im Haus, also Kartoffelschalen, Gemüseabfälle, Obstschalen und -reste, abgeblühte Blumen, der Inhalt vom Staubsaugerbeutel, Hunde- und Menschenhaare, Brotreste, Teebeutel, Kaffeesatz mit Papierfilter, Eierschalen, Käserinden, restliche Kartoffeln, Reis oder Nudeln usw. Nicht geeignet sind allerdings Fleisch-, Fisch- und Wurstreste, sie würden nämlich verderben, statt sich in Kompost umzusetzen, und sehr unangenehm riechen. Ansonsten können Sie Ihre Kom-

postwanne auf dem Balkon, im Keller, in der Waschküche, ja sogar (und das ist allerdings eine mehr theoretische Überlegung) sogar im Zimmer aufstellen. Denn gut und richtig angesetzter Kompost stinkt nicht, er strömt nur einen schwachen Geruch nach Walderde aus. Im Winter eignet sich auch ein Platz im Heizungskeller, denn unsere Kompostkultur funktioniert nur bis + 10 °C. Unterhalb dieser Temperatur stellen die Kompostbakterien ihre Arbeit ein.

Wie wird nun kompostiert? Beginnen Sie zuerst einmal damit, in der separaten Plastiktüte die Abfälle zu sammeln, Sie werden erstaunt sein, wieviel im Lauf nur einer Woche bei einem 4-Personen-Haushalt zusammenkommt. Bei restlichen Nudeln, gekochten Kartoffeln oder Reis wäre ich allerdings zum Anfang etwas vorsichtig, diese Abfälle werden leichter sauer und riechen dann. Wie sie aber trotzdem verwendbar sind, erfahren Sie gleich. Wie schon erwähnt, kompostieren Abfälle um so leichter, je mehr sie zerkleinert sind. Drehen Sie also Kartoffelschalen, Gemüseabfälle und Obstreste durch den Fleischwolf (oder zerkleinern Sie das Material mit Brett und Wiegemesser, kräftige Blumenstiele mit einer Küchenschere), das ist kein Problem. Denn es handelt sich ja um nicht unappetitliche Lebensmittelreste und der Wolf wird hinterher wieder gespült. Mischen Sie nun den Kaf-

Gefäße, Substrate

feesatz aus der Filtertüte dazu (Tüte etwas zerkleinern und zugeben). Füllen Sie nun die zerkleinerten Küchenabfälle ca. 5 cm hoch auf den Boden der Plastikschüssel und bedecken Sie sie mit ebenfalls ca. 5 cm Torf. Obenauf kommen 2 Handvoll Bentonit und etwa $\frac{1}{2}$ Handvoll Kompoststarter (ausprobiert und empfohlen Neudorff's »Bio-Komposter«). Nun wird alles mit dem Holz- oder Plastikkochlöffel gut durchgerührt und leicht angedrückt. Innerhalb von zwei Tagen werden Sie feststellen, daß sich der Kompost erwärmt hat, auf ca. 35 °C. Wenn Sie einmal mit der Hand auf die Kompostschicht fühlen, merken Sie das. Nach 4–5 Tagen steigt die Temperatur meist auf 40–50 °C, ein sicheres Zeichen, daß die Kompostbakterien ihre Arbeit leisten. Beim Umsetzen der Abfälle in Kompost entwickelt sich nämlich Wärme. Wichtig ist, daß Sie den Kompost alle 2 Tage mit dem Löffel umrühren und wieder leicht andrücken, damit der notwendige Sauerstoff für die Arbeit der Bakterien an das Kompostgut gelangt.

Beim Nachfüllen von zerkleinerten Abfällen wird jeweils pro Lage Abfälle nur noch $\frac{1}{2}$ Handvoll Komposter und 1 Handvoll Bentonit zugeben. Torf ist in der Regel nicht mehr nötig, er soll nur noch zugesetzt werden, wenn sich der Kompost sehr naß anfühlt.

Beim Nachfüllen können Sie nun auch gekochte Speisereste, wie Kartoffeln, Nudeln oder Reis zugeben. Ehe sie sauer werden können, haben sich die Kompostbakterien schon an die Arbeit gemacht und sie zersetzt. Bananenschalen können Sie ohne weiteres verarbeiten, bei Zitrusfrüchten wäre ich allerdings wegen der chemischen Konservierungsstoffe in den Schalen vorsichtig.

Nach ca. 20 Tagen ist der Kompost in der gefüllten Wanne abgekühlt und hat eine dunkelbraune Färbung angenommen. Nach ca. 4 Wochen kann der fertige Kompost dann verwendet werden.

Einheitserde

Das meiner Meinung nach am besten geeignete Produkt unter den käuflichen Mischungen ist die sogenannte Einheitserde. Die Bezeichnung »Einheit« kommt daher, daß es sich um industriell einheitlich hergestellte Mischungen handelt. Der Erfinder dieses Substrats, Professor Fruhstorfer, gab dem Produkt den Namen »Fruhstorfer Erde«. Das darauf erteilte Patent ist vor einigen Jahren erloschen, das bedeutet, daß nach dem alten Rezept heute jeder Hersteller »Einheitserde« produzieren kann. Ob dabei das Originalrezept immer eingehalten wird, ist nach Fortfall des Patentschutzes allerdings nicht garantiert. So ist bei »test« von einer Einheitserde die Rede, bei der hohe Nitrat- und Boranteile nachteilig zusammenwirken können.

Gefäße, Substrate

Dieses Substrat zeichnet sich einmal dadurch aus, daß es den Bedürfnissen fast aller Pflanzen gerecht wird, darüber hinaus enthält es einen recht hohen Anteil an Tonmineralien, die aus Vulkangestein und Lava-Asche bestehen. Daraus ergibt sich eine besonders poröse Beschaffenheit, die zehnmal soviel Wasser und Nährstoffe aufnehmen kann, als zum Beispiel bei Verwendung von in Ziegeleien verarbeitetem Ton. Die Erdmischung bleibt lange locker und luftig, weil sie beim Gießen nicht verschlämmt.

Einheitserde bekommen Sie nicht immer in Gartencentern, weil sie ein dort weniger gefragter Artikel ist und auch teurer, als die sonst angebotenen Blumenerden. Eher schon wird Ihnen eine spezielle Samenhandlung damit dienen können. Wenn diese Erde nicht vorrätig ist, kann sie das Geschäft für Sie bestellen. In der Regel – das kann ich aus eigener Erfahrung bestätigen – dauert das nur ein paar Tage.

Das Wichtigste in Kürze

Fassen wir also noch einmal kurz zusammen: Von der Qualität der verwendeten Erde hängt weitgehend der Erfolg unserer Bemühungen beim Gärtnern auf Balkon und Terrasse ab. Unter den käuflichen Produkten ist Einheitserde mit Abstand am besten für unsere Zwecke geeignet. Ihr sollte auf alle Fälle der Vorzug gegeben werden, auch wenn sie teurer ist, als andere Substrate. Es hieße am falschen Ende sparen, würden sogenannte »Blumen- oder Balkonkastenerden« verwendet, wenn sie schließlich unbefriedigende Ergebnisse und somit Enttäuschungen nach sich ziehen. Den Ärger kann man sich ersparen, wenn man für sein Hobby etwas mehr aufwendet.

Erdmischungen aus einer Gärtnerei sind in der Regel gut und für unsere Zwecke geeignet. Sie sind allerdings nur noch bei relativ wenigen Betrieben erhältlich. Ihre Herstellung ist sehr arbeitsaufwendig und meist unwirtschaftlich, weil die Nachfrage die Produktion nicht lohnt.

Selbst angemischte Erden nach dem angegebenen Verfahren können ein brauchbarer Ersatz sein. Der Anteil von Torf kann auch durch käufliche Blumenerde ersetzt werden, die ja ohnehin einen hohen Torfanteil hat. Nur ist dann die Verwendung von reinem Torf für die Mischung wirtschaftlicher, weil dieser erheblich billiger ist und die selben Dienste leistet, wie die Mischungen. Aus diesem Grunde halte ich auch die Verwendung von Blumen- und Balkonkastenerde mit selbst beigemischtem Sand und Kompost für die ungünstigste Lösung. Wenn ohnehin gemischt werden muß, dann gleich den preiswerten Torf verwenden. Das dabei eingesparte Geld ist sinnvoller angelegt, wenn dafür ein guter organischer Dünger der eigenen Mischung beigefügt wird, statt

Gefäße, Substrate

Die Nährstoffreserven in Kästen und Kübeln verbrauchen sich schneller als im Gartenboden. Sie müssen deshalb öfter ergänzt werden.

des in der teureren Fertigmischung enthaltenen Chemiedüngers.

Lassen Sie mich zum Ende dieses Kapitels noch etwas erwähnen, das als interessante Bemerkung im »test«-Artikel zu finden war: Voraussichtlich werden zum Zeitpunkt, als dieses Buch entstanden ist, also im Frühjahr 1987, die ersten Erdmischungen mit dem bekannten blauen Umweltengel auf der Verpackung im Handel auftauchen. Diese Mischungen sollen statt Torf Kompost und fermentierte Rinde als Bestandteile haben. Das eröffnet interessante Möglichkeiten: Durch die Verwendung von Kompost und Rinde werden natürliche Nährstoffe in die Mischung eingebracht und die Zugabe von Chemiedüngern kann gesenkt werden. Am wichtigsten aber ist, daß der Torfabbau drastisch verringert werden kann und dadurch die letzten Moore als

Natur- und Artenschutzgebiete erhalten werden!

Wer sich als Gärtner mit der Natur beschäftigt, sollte auch bemüht sein, sich und den anderen diese Natur zu erhalten, sie zu pflegen und zu schützen. Selbst dann, wenn sich der Garten auf nur wenige Quadratmeter beschränkt und auf unserem Balkon oder der Terrasse angesiedelt ist.

Benutzen Sie statt der handelsüblichen Blumenerden mit ihrem bis zu über 80% reichenden Torfanteil eine Einheitserde, bei der Torf zum Teil durch Tonmineralien ersetzt ist, verwenden Sie eigene Erdmischungen mit Sand und Kompost und dafür weniger Torf, haben Sie schon einen Beitrag zum Schutz unserer Umwelt geleistet. Etwas nachdenken und konsequent danach handeln, wirkt sich aus – auch viele »wenig« erbringen ein »viel«.

Die Bewohner

Ich hoffe, daß ich Sie mit der Ausführlichkeit des vorhergegangenen Kapitels nicht allzusehr strapaziert habe, aber es war notwendig, Sie gründlich und verständlich über die »Grundlage« zu informieren, auf der unsere Pflanzen wachsen sollen. Nachdem Sie nun die geeigneten Pflanzgefäße und verwendbaren Erden und Mischungen kennengelernt haben, ist der nächste Schritt, auszusäen und zu pflanzen, damit unsere Kästen und Container bewohnt werden.

Im letzten Kapitel habe ich schon einmal kurz anklingen lassen, daß Sie nicht alle Pflanzen selbst anziehen müssen, weil sich das nach Ihren Wünschen und – damit verbunden – natürlich auch Ihren Möglichkeiten mit Blick auf die Größe von Balkon oder Terrasse richtet. Bietet Ihnen ein kleiner Balkon wirklich nur Platz für ein paar Küchenkräuter und zwei Tomatenpflanzen, so wäre es natürlich unnötige Mühe, die Pflanzen selbst anzuziehen. Ihren derart geringen Bedarf können Sie in Samenfachgeschäften, Gärtnereien oder Gartencentern bequem und problemlos decken.

Das Angebot bei diesen Bezugsquellen ist in den letzten Jahren immer größer geworden. So erhalten Sie zum Beispiel alle gängigen Küchenkräuter – ein- oder mehrjährige – vorgezogen in guter Qualität fertig zum Einpflanzen.

Bei Gemüsen reicht das Angebot von den schon traditionellen Tomatenpflanzen über Salat, Kohlrabi, alle Kohlarten (für uns allerdings weniger interessant), Lauch und Gurken bis zu vorgezogenen Stangenbohnen.

Wollen Sie also entweder aus Platzgründen oder weil Sie nicht so viele Sorten anpflanzen wollen, nur ein paar Küchenkräuter, zwei Wassereimer mit Tomaten und ein paar Stangenbohnen als Sichtschutz haben, so kaufen Sie die Pflanzen einfach.

Anders sieht es allerdings aus, wenn Sie Wert auf spezielle Sorten legen, die Sie nicht vorgezogen erhalten können, wie zum Beispiel gelbe Zucchini, Cocktailtomaten, rotblättriges Basilikum oder die übergroßen Kohlrabi. Dann müssen Sie sich die Jungpflanzen selbst aus Samen ziehen.

Spezialsorten selbst anziehen!

53

Anzucht

Ein anderer Grund zur eigenen Pflanzenanzucht ist, daß Sie Freude und Interesse daran haben, zu säen und großzuziehen, zu pflegen und betreuen. Dann tun Sie es. Sie werden – wenn Sie noch keine eigenen Erfahrungen darin haben – sehr bald merken, wieviel Spaß es machen kann, etwas Lebendiges heranwachsen zu sehen, das man selbst ausgesät hat. Plötzlich bekommt man nämlich ein ganz anderes, neues und tieferes Verhältnis zur Natur.

Allerdings muß ich Sie aus gutem Grunde warnen und vor Enttäuschungen bewahren. Es kann nämlich schon einmal passieren – ich habe so etwas selbst erlebt – daß Saatgut (aus welchen Gründen auch immer) nicht aufgeht. So habe ich zum Beispiel vor zwei Jahren eine Sorte öfter tragender Erdbeeren mit Erfolg ausgesät, im Ge-

Die eigene Anzucht erfordert zwar etwas Arbeit, macht aber auch viel Freude.

wächshaus angezogen und dann ins Freiland ausgepflanzt. Die Pflanzen wuchsen hervorragend an und trugen reichliche Ernte. Die gleiche Sorte wollte ich nun in diesem Jahr wieder anziehen, in Balkonkästen auspflanzen und für dieses Buch fotografieren. Aber nicht ein einziges Samenkorn war aufgegangen, obwohl es laut Packungsaufdruck frisches Saatgut war und ich mir wirklich jede erdenkliche Mühe gegeben habe.

Es kann Ihnen auch passieren, daß Samen vorzüglich aufgehen, und daß die kleinen Jungpflanzen dann plötzlich anfangen, zu kümmern. Grund dafür kann sein, daß die Aussaat- oder Umpflanzerde nicht in Ordnung war (Gründe dafür habe ich Ihnen im vorigen Kapitel genannt), es kann aber auch sein, daß der Fehler bei Ihnen selbst lag. So können zum Beispiel Jungpflanzen schnell Schaden nehmen, wenn Fehler beim Gießen gemacht werden – besonders in diesem frühen Stadium.

Lassen Sie sich aber – wenn Sie einmal Freude am Aussäen und Wachsenlassen gefunden haben, nicht entmutigen: Auch in der Natur selbst gibt es einmal Fehlergebnisse durch Witterung oder Schädlingsbefall. Außerdem kann man aus Fehlern, die man einmal gemacht und als solche erkannt hat, für das nächstemal nur lernen.

Ein anderer Grund, auf das Anziehen von Pflanzen zu verzichten und

Anzucht

statt dessen vorgezogene zu kaufen, ist ein ganz realer. Samentütchen, die Sie im Geschäft kaufen, sind mit ihrem Inhalt immer auf Mengen abgestimmt, wie sie für Kleingärten gebraucht werden. Auch sogenannte »Anzuchtsets«, wie sie zum Beispiel von Jiffy oder Flora-Frey für Tomaten angeboten werden und die neben einem kleinen Fensterbank-Gewächshaus Torftabletten und Samen enthalten, überraschen uns meist mit unerwarteten Ergebnissen. So habe ich aus einer Anzuchtpackung für Cocktailtomaten insgesamt 14 Pflänzchen gezogen, wobei noch nicht einmal alle Samen aufgegangen waren. Für den normalen Bedarf auf einem Balkon würden aber 2 Pflanzen voll ausreichen. Wohin nun mit den restlichen 12? Seien Sie ehrlich, – würden Sie es leicht übers Herz bringen, die restlichen, die so gut herangewachsen und von Ihnen liebevoll gepflegt waren, einfach herzlos in den Mülleimer zu werfen? Ich könnte es nicht, etwas Lebendiges der Vernichtung preiszugeben. Vielleicht geht es Ihnen auch einmal so. Viel schlimmer ist es noch, wenn Sie zum Beispiel Kohlrabi aus der Samentüte anziehen. Da erhalten Sie noch mehr Jungpflanzen, weil ja der Inhalt der Samentüte für den Bedarf eines Kleingartens bemessen war. Andererseits ist es aber auch keine gute Lösung, nur einen Teil der Samen zu verwenden und den Rest für das nächste Jahr auf-

Im Fachhandel, in Gärtnereien und Gartencentern sind vorgezogene Kräuter in bester Qualität zu bekommen.

bewahren zu wollen. Teilweise werden Gemüsesamen in sogenannten Keimschutzpackungen verkauft, in denen sie sich mehrere Jahre halten. Ist aber eine Samentüte einmal geöffnet, kann ihr Inhalt oft bis zum nächsten Jahr seine Keimfähigkeit verlieren.
Überlegen Sie also genau, was Sie anpflanzen möchten, entscheiden Sie, wieviel Pflanzen Sie brauchen werden. Eventuell können Sie ja selbstgezogene, überschüssige Pflanzen sinnvoll weitergeben – ansonsten verzichten Sie lieber auf eine Spezialsorte, wie die gelben Zucchini oder die Kirschtomaten und decken Ihren geringen Bedarf aus dem Angebot vorgezogener Pflanzen in Gärtnereien oder Gartencentern.

55

Frische, selbst gezogene Kräuter sind besser als getrocknete aus der Tüte.

Kräuter säen und pflanzen

Wie schon gesagt: Alle gängigen Küchen- oder Würzkräuter erhalten Sie käuflich als ein- oder mehrjährige. Für einen gut angewachsenen Topf mit Schnittlauch oder Petersilie zahlen Sie nicht mehr, als auch ein Tütchen mit entsprechendem Samen kosten würde. Selbst etwas ausgefallene Kräuter, wie zum Beispiel Waldmeister, konnte ich vorgezogen kaufen. Liebstöckel – im Volksmund auch »Maggikraut« wegen seines typischen Geschmacks genannt – ist als Würzkraut im Garten eine sehr hoch und stark wachsende Pflanze. Als einzelne, gekaufte in den Kräuterkasten oder einen größeren Topf verpflanzt sind dem Wachstum natürliche Grenzen gesetzt. Wenn Sie sich aber vorstellen, aus einer Samentüte eine größere Anzahl dieser sehr vitalen Pflanzen angezogen zu haben, stellt sich alsbald die Frage, »wohin mit all dem Segen«? Dabei reicht eine einzige, kräftige Pflanze für den normalen Haushalt wirklich aus. Also auch hier liegt die Entscheidung nahe, den Bedarf zu kaufen.

Andere Kräuter wiederum bekommen Sie entweder nicht als vorgezogene oder sie lassen sich – selbst ausgesät – nicht oder nur unter Schwierigkeiten pikieren (vereinzelt verpflanzen). Dazu gehören zum Beispiel Kresse und Kerbel, die aber dafür in Folgesaat immer wieder frisch zur Verfügung stehen. Vielleicht darf ich Ihnen hier einen praktischen Rat geben: überlegen Sie, welche Kräuter Sie entweder haben wollen oder wieviel Platz Sie dafür in Kästen oder Töpfen vorsehen wollen. Letzteres kann unter Umständen automatisch die Qual der Wahl ersparen, weil der verfügbare Platz sowieso Grenzen setzt. Ab April finden Sie dann in Gärtnereien und Gartencentern bereits ein großes Angebot an vorgezogenen Kräutern. Treffen Sie darunter Ihre Wahl. Alle gängigen Mehrjährigen finden Sie dabei sowieso, also erübrigt sich hier die eigene Aussaat. Auch fast alle einjährigen Kräuter finden Sie im Angebot, von wenigen Spezialitäten abgesehen.

Lassen sie mich allerdings bei den Einjährigen zur Vorsicht mahnen, – nicht alles, was da angeboten wird, ist automatisch auch zum Verpflanzen geeignet! So gibt es zum Beispiel Küchenkräuter, die vornehmlich in Supermarktketten an den Obst- und Gemüseständen verkauft werden. Sie erkennen sie daran, daß sie in kleineren schwarzen oder etwas größeren braunen Plastiktöpfchen stehen und bis oben hin mit Klarsichtfolie umhüllt sind. Ich möchte ganz nachdrücklich betonen, daß hier nichts Nachteiliges über die Qualität dieser Kräuter gesagt werden soll. Sie sind aber in erster Linie zum Frischverbrauch

bestimmt und angeboten, daher auch die Topfgröße und Verpackung. Es handelt sich um ein Produkt, das dafür bestimmt ist, von anspruchsvollen Hausfrauen in der Küche verwendet zu werden, die es getrockneten Kräutern vorziehen. Zum Umpflanzen dagegen sind sie weniger und nur mit Ausnahmen geeignet. Von Natur aus robuste Pflanzen, wie zum Beispiel Schnittlauch, Petersilie oder Liebstöckel können wohl aus den kleinen Töpfchen mit befriedigendem Erfolg weiter in Kästen oder größeren Töpfen gezogen werden. Sie erholen sich meist schnell und wachsen an. Andere dagegen, wie Dill und Estragon, enttäuschen meist. Ich will Ihnen erklären, warum: Die Pflanzen sind zum Verbrauch herangezogen, sie haben oberhalb des Topfrandes zwar einen kräftigen Bewuchs, aber dünne, kraftlose Stengel. Sie sind in

Kräuter, zum Verbrauch in der Küche, eignen sich schlecht zum Umpflanzen.

Anzucht

Die verfilzten Wurzelballen haben wenig Erde.
Die äußeren Wurzeln bekommen zwar beim
Pflanzen Kontakt mit der Erde, nehmen aber
nicht genügend Wasser und Nährstoffe auf.

Erwerbsgärtnereien mit den dort
üblichen Verfahren auf Ertrag hin
mit kräftiger Düngung »getrieben«.
Wenn Sie aber den Wurzelballen
aus dem Topf nehmen, so werden
Sie feststellen, daß es sich um einen fast erdlosen Block aus fest
ineinander verwachsenen, fast verfilzten Wurzeln handelt.
Auch wenn einem bei solchem An-
blick das Gärtnerherz wehtut – soweit ist es aus Sicht der Produzen-
ten in Ordnung, denn bis zur
Schnitt- und somit Verbrauchsreife
hat dieser Wurzelballen ohne viel
Erde ja seinen Zweck erfüllt.
Jetzt stellen Sie sich einmal vor,
was geschieht, wenn Sie eine solche Pflanze umsetzen. Das Erdreich, mit dem Sie Topf oder Kasten
gefüllt haben, kann doch nicht
selbsttätig in den dichten Wurzel-
block eindringen, gewissermaßen

hineinkriechen. So haben also nur
nach dem Umpflanzen ein paar wenige, äußere Wurzeln die Möglichkeit, Wasser und Nährstoffe aufzunehmen. Die im Inneren des festen
Blocks befindlichen restlichen Wurzeln – die Mehrzahl – kommen mit
Wasser und Nährstoffen aus dem
Erdreich nicht in Verbindung, können also die Pflanze nicht versorgen. Sie kümmert und geht ein.
So erweisen sich speziell in Gärtnereien zum Verpflanzen herangezo-
gene Kräuter als die weitaus bessere Lösung. Sie sind zum Umpflanzen vorgesehen und deshalb auch
dafür geeignet. Zwar etwas teurer,
als das verlockend preiswerte Angebot aus dem Supermarkt, sind sie
im Endeffekt doch billiger. Denn
wenn man eine Billigpflanze aus den
oben genannten Gründen fortwer-
fen und durch eine geeignete ersetzen muß, kostet es doppeltes Geld.
Für Kräuter, die Sie selbst aussäen
wollen oder müssen, gelten die gleichen Bedingungen, wie für die Aussaat von Gemüsepflanzen. Orientie-
ren Sie sich also bitte an der Be-
schreibung von Aussaat und Anzucht, die ich Ihnen später in diesem Kapitel geben werde.
Im übrigen finden Sie – sowohl für
die Kräuter, als auch für die Gemüsepflanzen – Angaben über Aussaatzeiten, den günstigen Zeitpunkt
des Umpflanzens und Standortemp-
fehlungen im Kapitel »Pflanzen und
Bäume von A–Z« später am Ende
des Buches.

Gemüse – säen oder pflanzen?

Für Gemüsepflanzen trifft zum großen Teil das für Kräuter gesagte ebenfalls zu. Daß man beim Bedarf von nur zwei Tomaten diese besser vorgezogen kauft, als eine große, nicht benötigte Anzahl selbst anzuziehen, ist ja schon am Anfang dieses Kapitels erwähnt worden. Ähnlich, nur eben noch gravierender, ist es zum Beispiel bei Zucchini. Diese Gemüsepflanze ist mit ihren großen, dunkelgrünen Blättern und den gelben Blüten ein ausgesprochener Schmuck für den Balkon oder die Terrasse. Da aber auch mit einem reichlichen Ertrag zu rechnen ist, reicht eine Pflanze meist völlig aus. Hinzu kommt, daß sich dabei auch eine Platzfrage ergibt: Zucchini werden einzeln in große Töpfe, in Wassereimer oder kleine Plastikcontainer gepflanzt und bilden große, weit ausladende Blätter. Also kauft man die eine benötigte und unterzubringende Pflanze besser, ehe man aus der Samentüte viele, nicht benötigte Pflanzen selbst anzieht.

Sie werden, so wie es mir auch bei meinen Versuchsaussaaten ergangen ist, bald merken, daß der verfügbare Platz auf den Fensterbänken für heranwachsende Pflanzen nicht mehr ausreicht. Auch das ist ein Problem, das Sie überdenken sollten.

In einem 1 m langen Balkonkasten können Sie höchstens 6 Kohlrabipflanzen setzen, bei einer größeren Zahl kümmern die Pflanzen aus

Große Einzelpflanzen, wie Zucchini, brauchen auch große Pflanzbehälter. Mindestgröße wäre ein Wassereimer, besser ist – wie hier – ein Container.

Platzmangel. Hier empfiehlt sich also ebenfalls der Kauf der Pflanzen, sie kosten nur ein paar Groschen.

Bei der sehr groß werdenden Sorte 'Superschmelz', von der einzelne Knollen beim Freilandanbau bis zu 5 kg schwer werden können, ist man auf die eigene Aussaat angewiesen, weil diese Spezialsorte als Pflanze nicht im Angebot ist. In einem solchen oder ähnlichen Fall gilt, was ich schon am Beginn dieses Kapitels gesagt habe: Versuchen Sie, für die überzähligen Pflanzen einen Abnehmer zu finden – zum Vernichten sind sie zu schade.

Andere Gemüse, wie zum Beispiel Radieschen oder Spinat, werden nicht vorgezogen und verpflanzt, sondern in Kästen direkt ausgesät. Wie das geht, werden Sie aber auch im Kapitel »A–Z« nachlesen können.

Das Aussäen

Bleiben wir aber zunächst bei der
Aussaat von Pflanzen, die vorgezogen und dann verpflanzt werden.
Verwenden Sie – zum Beispiel bei
verschiedenen Tomatensorten oder
bei den Balkongurken – Anzuchtsets, so ist dazu eigentlich zumindest zur Aussaat nichts zu sagen.
Alle nötigen Angaben befinden sich
klar verständlich erläutert auf der
Packung gedruckt. Auch im Inneren
der »Vorkultur-Sets« sind bei man-
chen Firmen ausführliche Kulturan-
leitungen abgedruckt.
Die kleinen Fensterbank-Gewächs-
häuser, die meist in solchen Sets
enthalten sind, werden in der Regel
aufgehoben, die Packung mit den
Hinweisen aber fortgeworfen. Damit
Sie – wenn Sie im folgenden Jahr
wieder Pflanzen ziehen wollen –
wissen, wie es geht, hier noch einmal in Kürze die Anzucht in Kleinge-
wächshäusern. Das kann auch
wichtig sein, wenn Sie – wie ebenfalls von Flora Frey vertrieben – eine
Packung ohne Kleingewächshaus
erwerben. In diesem Fall können Sie
die enthaltenen Samen und die Torfquelltöpfe in Saatschalen, leere Pla-

1 Bei Anzuchtsets ohne Kleingewächshaus
kann man Plastikschachteln nehmen.

2 Torftabletten in lauwarmem Wasser aufquellen.

3 Die Samen werden leicht eingedrückt und
dann wieder abgedeckt.

4 Bei Verwendung von einfachen Plastikscha-
len schafft Folie einen Treibhauseffekt.

Anzucht

stikdosen oder Ähnliches setzen. Das ist preisgünstiger.

Die Torftabletten werden in den entsprechenden Behälter gesetzt (also entweder das Fensterbank-Gewächshaus oder einen anderen Behälter) und mit warmem Wasser übergossen, bis sie ganz bedeckt sind. Diesen Vorgang eventuell zur Sicherheit noch einmal wiederholen, bis kein Wasser mehr aufgesaugt wird. Das ist das Zeichen dafür, daß die Torfballen ausreichend Feuchtigkeit gespeichert haben. Restliches Wasser abgießen. Nun werden die Samen auf die Torfquelltöpfe verteilt und leicht eingedrückt. Sie können dafür ein Streichholz zur Hilfe nehmen. Samen nur flach eindrücken, mit Substrat lose abdecken. Benutzen Sie ein Kleingewächshaus, wird die Klarsichthaube aufgesetzt, bei Verwendung von einzeln gekauften Torftabletten, Samen und einem Behälter Ihrer Wahl mit Haushalts-Klarsichtfolie bedecken. Die Torfballen müssen immer leicht feucht gehalten werden. Oft geschieht das automatisch, weil Haube oder Folie einen Treibhauseffekt ausüben, das heißt, verdunstendes Wasser schlägt sich an der Abdeckung nieder und tropft zurück, im Inneren bildet sich ein für das Wachstum günstiges feuchtwarmes Klima.

Die keimenden Samen brauchen Wärme (ca. 20–22 °C), sind die kleinen Pflänzchen erschienen, ist auch Licht erforderlich. So ist also der günstigste Platz die Fensterbank. Meist ist darunter die Heizung angebracht, und bei den heute überwiegend verwendeten Fensterbänken aus Marmor oder Kunststein kann die Wärme von unten her zu hoch sein. Legen Sie deshalb unter die Behälter Aluminiumfolie. Sie reflektiert Wärmestrahlung und schützt somit die Aussaat vor zu großer Wärme. Da die Aussaatzeit sowieso im Frühjahr in die Heizperiode fällt, reicht die fast immer bei 20–22 °C liegende Raumtemperatur völlig aus.

Ist die Saat aufgegangen, wird die Abdeckung entfernt, damit die kleinen Pflänzchen Luft bekommen. Durch die fehlende Abdeckung verdunstet natürlich nun mehr Feuchtigkeit ungehindert. Ab jetzt ist es wichtig, die Pflanzen immer gut feucht zu halten, die Torfballen dürfen nie austrocknen, sonst nehmen die Pflanzen Schaden! Das gilt natürlich auch für Aussaaten, die Sie nicht in Quelltöpfen vorgenommen haben, sondern in Saatschalen und Erde. Die kleinen Pflanzen nie mit dem scharfen Strahl einer Gießkanne wässern, sondern den Boden behutsam mit einem Blumensprüher feucht halten. Benutzen Sie kein kaltes Wasser aus der Leitung, sondern abgestandenes, das heißt Wasser, das Raumtemperatur angenommen hat. Zu kaltes Wasser übt einen Schock auf die kleinen Pflanzenkinder aus. Kein Mensch würde ein Baby oder Kleinkind in kaltem

Wasser baden – das ist zwar ein einfacher, aber sehr zutreffender Vergleich.

Besorgen Sie sich in einem Samenfachgeschäft oder Gartencenter kleine Etiketten zum Beschriften mit den Pflanzennamen und versehen Sie Ihre Aussaaten mit Arten- oder Sortenbezeichnungen. Das erleichtert Ihnen die Übersicht, – für Anfänger sehen sich einige Jungpflänzchen nämlich recht ähnlich.

Das Pikieren

Haben die Jungpflanzen das sogenannte »Vierblatt-Stadium« erreicht, werden sie umgepflanzt. Das ist der Zeitpunkt, zu dem neben den ersten beiden Keimblättern die nächsten zwei erschienen und ausgebildet sind.

Benutzt werden entweder kleine Plastiktöpfe oder Jiffy-Torftöpfe. Sie werden mit im vorigen Kapitel erwähnter Umpflanz- oder Pikiererde gefüllt und die Pflänzchen eingesetzt. Bei Torftöpfen ist beim Gießen eines zu beachten: einmal gießen für die Pflanze, einmal für den Topf! Das bedeutet übersetzt: Einmal vorsichtig mit der Blumenkanne mit feinem Strahl gießen, bis die Erde getränkt ist, einen Moment warten und dann noch einmal nachgießen, bis der Topf auch außen Feuchtigkeit annimmt. Torftöpfe sind nämlich porös, durch ihre Wandung verdunstet mehr Wasser, als bei Plastiktöpfchen. Deshalb ist hier beim Gießen Sorgfalt erforderlich, –

Haben die Pflanzen das Vierblatt-Stadium erreicht, werden sie einzeln umgepflanzt.

die Pflanzen dürfen nie austrocknen!

Nach dem Umsetzen haben es die Pflanzen gern etwas kühler, also stellen Sie sie in einen Raum auf das Fensterbrett, der nicht so stark geheizt ist. 18 °C sind ideal, bei dieser Temperatur »schießen« die Pflanzen nicht in die Höhe, sondern entwickeln sich zwar langsamer, aber kräftiger und gedrungener. Sie sollten zumindest bei Tomaten, Gurken, Zucchini, Paprika und Melonen von vornherein größere Umpflanztöpfe wählen, denn diese Pflanzen brauchen Platz. Kohlrabi oder Pflücksalat zum Beispiel begnügen sich mit kleineren Töpfchen.

Jungpflanzen brauchen, wie schon erwähnt, sowohl vor als auch nach dem Umpflanzen Licht. Direkte Son-

Anzucht

neneinstrahlung vertragen sie dagegen schlecht. Da unsere Aussaaten zwar schon im frühen Frühjahr vorgenommen werden, sollte man allgemein nicht annehmen, daß hier Schäden auftreten können. Aber das ist sehr wohl möglich. Manches Frühjahr beschert uns schon im Februar oder März recht sonnige Tage. Erinnern Sie sich, wie es ist, wenn Sie an einem solchen Tag mit dem Auto unterwegs sind oder vielleicht in einem Café hinter der Schaufensterscheibe sitzen. Sie merken – sehr erfreut – daß die Sonne schon schön wärmt. Hinter den Fensterscheiben Ihrer Wohnung wird es aber ebenso warm, für die zarten Jungpflanzen manchmal zu warm! Geben Sie ihnen also sicherheitshalber von vornherein einen Platz an einem Fenster, das nur kurzzeitig frühe Morgen- oder späte Abendsonne erhält. Das bietet weitgehend Schutz vor Verbrennungen und Austrocknen.

Sind die Pflanzen 14 Tage nach dem Umsetzen gut angewachsen, ist es Zeit für die erste behutsame Düngung. Bis dahin sind nämlich in den Umpflanzerden die vorhandenen schwachen Nährstoffreserven erschöpft und – genau wie man Kindern im Wachstum kräftiges Essen auf den Tisch stellt – unsere Jungpflanzen müssen gut ernährt werden.

Am besten geht das mit einem Flüssigdünger, der dem Gießwasser zugesetzt wird. Benutzen Sie einen handelsüblichen Flüssigdünger, müssen Sie sich unbedingt an die Gebrauchsanleitung halten, »mehr bringt auch mehr« wäre hier total fehl am Platz, ja sogar teilweise katastrophal! Industriell hergestellte Dünger können nämlich an den zarten Wurzeln der Jungpflanzen Verbrennungen hervorrufen, wenn sie zu stark dosiert werden.

Bei biologischen Düngern – in flüssiger Form oder als Pulver – ist die Gefahr nicht so groß. Sie wirken meist langsam, so wie sie von der Pflanze gebraucht werden. Wichtig dabei ist – wie im Kapitel »Erden« erwähnt – daß Sie der Umpflanzerde Bodenbakterien in Form von Fertigkompost, Regenwurmhumus oder gefriergetrockneten Kulturen zugesetzt haben, damit der organische Dünger auch wirksam umgesetzt werden kann. Aber auch bei den biologischen Düngern sollten Sie des Guten nicht zuviel tun. Es kann zwar nicht zu gefährlichen Schäden kommen, aber genauso, wie ein dickes, rundliches Baby nicht immer das gesündeste sein muß, ist es auch bei unseren Pflanzen. Eine vernünftige Ernährung in Maßen führt auch hier zu normalem, gesunden Wachstum, ohne daß die Pflanzen durch Überfütterung in die Höhe schießen, aber dabei dünn und empfindlich bleiben.

Werden bei Pflanzen die Blätter welk und schlapp, ist das ein Zeichen von Wassermangel, nehmen sie aber eine hellgrüne oder gelb-

grüne Farbe an, zeugt das von
Nährstoffmangel.

Eine weitere Möglichkeit, den Jungpflanzen zu gesundem und kräfti-
gem Wachstum zu verhelfen, ist die
Behandlung mit einem Flüssigal-
gen-Produkt.

Dieser Braunalgenextrakt enthält
Spurenelemente, Vitamine und
Pflanzenhormone und wird den
Pflanzen äußerlich – in Wasser verdünnt – mit einem Sprüher zugeführt. Das Präparat pflegt und kräf-
tigt die Pflanzen, läßt sie gesund
und widerstandsfähig heranwachsen und versieht sie mit lebenswichtigen Stoffen.

Das Auspflanzen

Fast alle unsere Pflanzen sollten
erst nach den Eisheiligen, also Mitte
Mai, ins Freie, also auf den Balkon
und die Terrasse in Kästen und
Containern umgesetzt werden. Vorher ist die Gefahr plötzlich noch einmal auftretender Nachtfröste immer
gegeben. An dieser Stelle sollte
auch gesagt werden, daß die Witte-
rungsverhältnisse regional unterschiedlich sind. So herrscht im
Rheintal zum Beispiel mildere Witterung als im von Köln nur wenige Ki-
lometer entfernten höher gelegenen
Bergischen Land, an der Berg-
straße setzt andererseits die Baum-
blüte viel früher wegen des wärme-
ren Klimas ein, als anderswo.
Berücksichtigen Sie also beim Umpflanzen die Witterungsbedingungen Ihres Wohnortes.

Beim Umpflanzen in Kästen oder Kübel kommen Kompost oder organischer Dünger ins
Pflanzloch, dazu ein Löffelchen Bodenbakterien.

Haben sich in Torftöpfen gut durchwachsene
Wurzelballen gebildet, werden sie mit Topf
zusammen verpflanzt.

Anzucht

Bei allen Direktaussaaten kann Kompost auch der Kastenerde beigemischt werden.

Beim Umpflanzen in Kästen und Kübel sollten Sie die Pflanzlöcher mit einer knappen Handvoll Fertigkompost oder Regenwurmhumus (käuflich) ausfüttern oder etwas organischen Dünger einstreuen. Zusätzlich geben Sie etwas Bakterienkultur ins Pflanzloch (als »Topfpflanzen-Azet« im Handel) und mischen gut durch. Dann die Pflanzen einsetzen und gut angießen. Gedüngt wird dann, wie beim Pikieren beschrieben, nach ungefähr 14 Tagen, wenn die Pflanzen gut angewachsen sind.

Was tun bei Direktaussaat und Pflanzung?

Bei Direktaussaaten, wie beispielsweise Radieschen oder Spinat, Pflücksalat oder Erbsen und Bohnen, werden die Saatrillen, bzw. Saatlöcher, ebenfalls mit Kompost dünn ausgestreut.

Dies Verfahren gilt auch für die Pflanzlöcher von Beerenobst, also Erdbeeren, Andenbeeren, bei der Neuzüchtung Tayberry, Blau- und Preiselbeeren.

Beerenobsthochstämmchen wie Johannis- oder Stachelbeeren bekommen ebenfalls eine kräftige Kompostgabe, einen Vorrat an organischem, pulverförmigem Dünger und ein Löffelchen Bodenbakterien-Präparat ins Pflanzloch in Kübel oder Container.

Sie können, bis die Aussaat- und Umpflanzzeit im Mai gekommen ist, in Ihren Balkonkästen eine »Vorkultur« heranziehen, also frühe Radieschen oder Spinat. Die Vorkultur hat die Kästen bereits wieder geräumt, bevor sie zum Umpflanzen benötigt werden. Dann allerdings sollte dem Erdreich zwischendurch Dünger gegeben werden, damit die von der Vorfrucht verbrauchten Nährstoffe wieder ersetzt werden. Das Gleiche gilt für den Herbst, wenn die Kästen leer geworden sind. Auch dann kann – nach einer Zwischendüngung – noch einmal eine Aussaat später Radieschensorten oder von Spinat vorgenommen werden.

Wissenswertes über Saatgut und Keimung

Nun noch ein paar Bemerkungen zu Saatgut und Besonderheiten. Im Handel finden Sie seit einiger Zeit Samen, die durch den Zusatz »Bio« gekennzeichnet sind. Das bedeutet, daß es sich entweder um Saatgut

Anzucht

Gutes Saatgut ist die Grundlage für gesunde Jungpflanzen. Sogenannte »Bio-Samen« sind in der Regel frei von Schadstoffen.

handelt, das unter biologischen Bedingungen gewonnen wurde oder daß das Saatgut mit Pflanzenextrakten statt chemischer Mittel gebeizt wurde. Nicht immer ist das unbedingt verläßlich, – viele schwimmen auf der Biowelle mit – aber meist treffen die Angaben zu und Sie haben die Möglichkeit, nach Wunsch unbelastetes Saatgut zu verwenden.

Unter den Samen gibt es Lichtkeimer und Dunkelkeimer. Die Lichtkeimer werden nur auf die Aussaaterde aufgestreut, leicht angedrückt und dann angefeuchtet. Das heißt, sie sollen nicht mit Erde bedeckt werden! Dunkelkeimer werden nach der Aussaat abgedeckt. Angaben darüber, welche Art von Saatgut Sie in der Hand haben, finden Sie auf den Samentütchen aufgedruckt. Bei den Lichtkeimern ist ausdrücklich vermerkt, daß sie nur angedrückt, aber nicht mit Erde abgedeckt werden sollen. Fehlt dieser Hinweis,

können Sie davon ausgehen, daß es sich um Dunkelkeimer handelt.

Einen Aussaatkalender möchte ich Ihnen hier nicht vorgeben. Sie finden im Kapitel »A–Z« bei den Kurzporträts der einzelnen, für die Balkongärtnerei geeigneten Pflanzen ohnehin die nötigen Angaben in knapper Form. Darüber hinaus würde sich ein solcher Aussaatkalender nur teilweise für Sie lohnen, richtet er sich doch individuell danach, was überhaupt auf Ihrem Balkon, Ihrer Terrasse Platz finden kann. Und das ist wahrscheinlich immer nur ein Teil der möglichen Bepflanzung. Machen Sie doch einfach einen Plan, was Sie aussäen oder pflanzen wollen, besorgen Sie sich die Samen rechtzeitig zum Jahresbeginn und achten Sie auf die aufgedruckten Saattermine. Oder entnehmen Sie die gewünschten Angaben einfach entsprechend Ihrer Bepflanzungsauswahl dem Kapitel »A–Z«.

67

Wasser, Dünger

Menü mit zwei Gängen – Wässern und Düngen

Pflanzen in einem Haus- oder Kleingarten, in Erwerbsgärtnereien oder in der Landwirtschaft finden natürlich ganz andere Wachstums- und Lebensbedingungen, als sie auf unserem Balkon oder der Terrasse möglich sind. Im Freilandanbau, und dazu zählen ja die gerade erwähnten Formen, kann das die Pflanzen umgebende Erdreich viel mehr Wasser und Nährstoffe speichern und über die Wurzeln den Pflanzen zur Verfügung stellen, als das in unseren Kästen, Töpfen und Pflanzkübeln möglich ist.

Für ein paar Geranien, Petunien oder ähnliche Blütenpflanzen in Balkonkästen reicht »normales« Wässern und gelegentliches Düngen völlig aus. Der Nährstoff- und Feuchtigkeitsbedarf ist nicht so hoch, wie es bei Nutzpflanzen der Fall ist, die ja Früchte tragen sollen. Sie brauchen deshalb auch eine kräftigere Ernährung und haben einen größeren Durst als Zierpflanzen. Es wird von ihnen gewissermaßen »Schwerarbeit« verlangt. Das ist – um einen einfachen Vergleich zu benutzen – wie der Unterschied zwischen sitzender Bürotätigkeit und Arbeit an einem Hochofen. Während Büroangestellte oft mit Gewichtsproblemen zu kämpfen haben und diese mit Diät in den Griff zu bekommen versuchen, weil dem Körper ja keine schwere Arbeit ab-

verlangt wird, brauchen Bauarbeiter, Bergleute und Menschen mit ähnlich körperlich hoher Leistung kräftiges Essen. Lassen sie uns den Vergleich noch weiter fortführen: Kein schwer arbeitender Mensch würde seinen Durst aus einem kleinen Likörgläschen stillen, – die Menge würde für den Flüssigkeitsbedarf des Körpers nie ausreichen. Ebensowenig genügt an Nahrung, was auf einem Dessertteller Platz findet, da ist schon eine kräftige, große Portion nötig.

Sie merken sicher schon, worauf ich mit diesem einfachen Vergleich hinauswill. In der freien Natur ist das die Pflanzen umgebende Erdreich der gedeckte Tisch, das Speichervermögen des Bodens das große Glas und der große Teller. Durch den Regen oder zusätzliches Gießen im Garten ist das Glas immer gefüllt; durch gute Bodenbeschaffenheit und planmäßiges Düngen der Teller immer reichlich mit Nahrung versehen.

Ganz anders sieht es auf Balkon und Terrasse aus. Die kleinen Gefäße bieten im Wurzelraum der Pflanzen nur eine geringe Speichermöglichkeit für Wasser und Nährstoffe, sie sind gewissermaßen das Likörglas und der Dessertteller aus unserem Vergleich. Wenn keine anderen Gefäße zur Verfügung stehen, um Hunger und Durst zu stillen, dann müssen sie eben oft gefüllt werden. Für uns bedeutet das, wir müssen häufiger gießen und

Wasser, Dünger

düngen, um unsere Pflanzen nicht hungern und dursten zu lassen. Mehr, als das im Freiland mit dem größeren Wurzelraum als Speicher für den Nachschub nötig ist. Beginnen wir also – nach diesen einleitenden Gedanken – mit der Praxis.

Erster Gang: Wässern

Neben der Tatsache, daß uns in den kleinen Pflanzgefäßen ohnehin weniger Speicherraum für Feuchtigkeit zur Verfügung steht, also für Nachschub gesorgt werden muß, spielen zwei weitere Faktoren eine Rolle: Der erste ist das Austrocknen der sowieso schon geringeren Wassermenge durch Sonnenbestrahlung, also Wärmeeinwirkung. Aber nicht nur die direkte Wirkung der Sonne spielt eine Rolle, sondern auch die Gefäße. Meist sind Blumenkästen und Container aus dunkelgrünem oder braunem Plastik, sie nehmen durch ihre dunkle Farbe mehr Wärme auf, als helle Gefäße und dadurch verdunstet Wasser auch schneller. Ebenso können aber auch Tontöpfe und -kästen durch ihre poröse Beschaffenheit bei Wärmeeinwirkung erhöht Feuchtigkeit verdunsten lassen.

Blumenkästen hängen meist in Haltern am Balkongeländer, weil dort der ideale Platz dafür ist. Außerdem gibt es dort die meiste Sonne, die unsere Pflanzen zum Wachstum und zur Reife brauchen. Gleichzeitig aber sind die Kästen dort mehr dem Wind ausgesetzt. Den Pflanzen fehlt ein Windschutz, wie er sich in Gärten durch benachbarte Gewächse, durch Büsche, Hecken oder Bäume bietet. Je höher Sie wohnen, um so kräftiger weht der Wind um Ihren Balkon, und es ist ja eine bekannte Tatsache, daß auch starke Luftströmungen zum Austrocknen führen können.

Aus den drei genannten Gründen – nämlich geringer Bodenraum, Wärmeeinwirkung und Wind – ist also eine häufigere und reichlichere Wasserzufuhr nötig, damit unsere Pflanzen keine Trockenschäden erleiden.

Aus mehreren Gründen läßt sich kein ideales Patentrezept geben, wie oft und wieviel gegossen werden muß. Ich hoffe, daß ich Sie mit dieser Aussage nicht allzusehr enttäusche. Aber jeder Balkon, jede Terrasse liegt anders, mehr oder weniger sonnig, mehr oder weniger durch Balkonhöhe oder Nachbarbauten vor zu starkem Wind geschützt. Schon deshalb sind Feuchtigkeitsverlust und notwendiger Nachschub unterschiedlich. Ebenso spielt die Art der verwendeten Erde eine Rolle. Wenn Sie sich erinnern, daß im entsprechenden vorhergegangenen Kapitel über Erden von der unterschiedlichen Speicherfähigkeit der einzelnen Bodenarten gesprochen wurde, so ergeben sich weitere Unterschiede. Nicht zuletzt aber ist zu berücksichtigen, daß die

Tomaten sind »Säufer« und brauchen viel Wasser. ▷

Wasser, Dünger

Pflanzen auch ganz verschiedene Ansprüche an die Wasserversorgung haben. Tomaten zum Beispiel sind während des Wachstums, beim Fruchtansatz und während der Reife ausgesprochene »Säufer«. Radieschen dagegen haben weit weniger Durst.

Pflanzen, die entweder viel Laub ansetzen (wie zum Beispiel die Tomaten) oder große Blätter entwickeln, wie Zucchini, scheiden über das Blattwerk mehr Feuchtigkeit aus, als solche mit weniger Grün.

Wenn Sie all das berücksichtigen, werden Sie sicher verstehen, warum ich Ihnen kein Patentrezept geben kann und will, das vielleicht lauten würde: gießen Sie pro Tag und Blumenkasten 5 Liter Wasser. Das wäre nämlich unredlich und würde Ihnen gar nicht helfen. Schließlich spielt auch die Witterung noch eine große Rolle. In einem Sommer, wie im Jahre 1987, als dieses Buch entstanden ist, der mit durchschnittlichen Tagestemperaturen im August zwischen 16 und 18 °C mehr ein grün angestrichener Spätherbst war und schwere Regenfälle brachte, werden alle Regeln über den Haufen geworfen. Übrigens: Da wir gerade von diesem Katastrophensommer sprechen, in einem solchen Jahr kümmern auch die Pflanzen durch Sonnen- und Wärmemangel und das Ergebnis ist auf unserem Balkon genauso bescheiden und deprimierend, wie in den Gärten.

Gießen, wie und wann?

Gegen zu viel Feuchtigkeit, die zu Staunässe im Wurzelbereich und zum Ersticken und Faulen der Wurzeln führen würde, schützt ja – wie schon erwähnt – über den Abzugslöchern der Kästen und Pflanzgefäße eine aufgelegte Tonscherbe und darüber eine Dränageschicht von mehreren Zentimetern Sand oder feinem Kies. Ansonsten gilt die Faustregel: Der Boden darf nie austrocknen und muß immer leicht feucht sein. Lassen Sie sich nicht dadurch täuschen und verleiten, daß die Erdoberfläche dunkel und feucht aussieht. Manche Bodenarten nehmen zwar oberflächlich schnell Wasser auf, ohne daß es in die Tiefe dringt und dort einen Vorrat bildet.

Sie können sich hier recht einfach helfen: Erst einmal angießen, ein paar Minuten verstreichen lassen und dann noch einmal nachgießen. Der beim ersten Wässern bereits feucht gewordene Oberboden nimmt kein weiteres Wasser mehr auf und läßt die Feuchtigkeit in die tieferen Schichten durch.

Um sicher zu gehen und weil sich ja aus den genannten Gründen keine allgemeingültige Gießregel geben läßt, machen Sie zum Anfang häufiger eine Fingerprobe: Stecken Sie am Rand des Pflanzgefäßes einen Finger möglichst tief in den Boden und fühlen Sie, ob auch in den unteren Schichten genügend Feuchtigkeit vorhanden ist. Das ist die sicherste Methode. Auch wenn Ihnen das für den Anfang ein bißchen lästig erscheinen mag, Sie werden merken, daß Sie schon nach kurzer Zeit ein recht gutes Gefühl dafür bekommen, wieviel und wie oft Sie gießen müssen.

Zum Gärtnern gehört eben auch ein bißchen Sorgfalt und Gefühl, denn schließlich haben Sie es bei Pflanzen mit etwas Lebendigem zu tun, und der Umgang mit lebenden Pflanzen ist als Freizeitbeschäftigung nun einmal etwas anderes, als Basteln oder Briefmarkensammeln, wo der Gegenstand Ihres Hobbies tote Materie ist.

Es gibt aber im Fachhandel, bei den Versendern und in Gartencentern auch sogenannte Feuchtigkeitsmesser zu kaufen, elektronische Geräte für etwas über 10 DM, die ohne Batterie funktionieren oder auch kleine Kunststoffkegel, die durch unterschiedliche Färbung den Feuchtigkeitsgrad anzeigen. Gießen Sie nie in der prallen Sonne und in der größten Mittagshitze, sondern am frühen Morgen oder dem späteren Abend. Ebenso, wie es für Sie ein Schock sein würde, sich aus der größten Mittagshitze kommend unter eine eiskalte Dusche zu stellen, so empfinden Pflanzen. Dazu kommt, daß beim Gießen auf die Blätter gelangende Wassertropfen wie Brenngläser wirken und Schäden verursachen. Die meisten Menschen holen sich ja am Strand auch dadurch viel schneller einen

Sonnenbrand, daß sie sich nach dem Baden nicht gleich abtrocknen und das Wasser auf der Haut durch den Brennglaseffekt schneller zur Verbrennung, als zur Bräune führt. Nehmen Sie zum Gießen möglichst temperiertes, sogenanntes »abgestandenes« Wasser, das nicht kalt aus dem Hahn kommt, sondern Umgebungstemperatur angenommen hat. Kleingärtner haben dafür eine Wassertonne, aus der sie schöpfen. Meist hat man auch nicht genügend Wassereimer, um sie den Tag über gefüllt auf dem Balkon stellen zu können und abends ihren erwärmten Inhalt zum Wässern zu benutzen. Ich verrate Ihnen einen Trick, der mir gut geholfen hat: Lassen Sie morgens, wenn Sie aus dem Haus gehen, Wasser in die Badewanne und entnehmen Sie abends daraus das abgestandene Wasser für Ihre Pflanzen.

Als Gießgefäß benutzen Sie nicht eine große 10-Liter-Kanne, wie sie im Garten verwendet wird. Abgesehen davon, daß sie unhandlich ist, eignet sie sich auch nicht so gut. Der Strahl aus der Brause ist viel zu breit, das meiste Wasser geht über den Kasten- oder Topfrand nutzlos hinaus. Auch wenn Sie ohne Gießbrause mit direktem Strahl aus dem Rohr wässern wollen, ist der Strahl zu stark. Eine kleine Kanne allerdings mit ca. 1 Liter Inhalt, wie man sie für Zimmerpflanzen benutzt, ist wiederum zu winzig. Sie kämen aus dem ständigen Nachfüllen nicht her-

Wasser, Dünger

aus, und das wäre lästig. Gut geeignet sind Kannen von Mittelgröße zwischen 3 und höchstens 5 Litern Inhalt.

Sie werden bald merken, daß für unsere Nutzpflanzen die beste Art zu Gießen ist, das Wasser ohne Brause, dafür aber mit behutsamem direktem Strahl aus dem Gießrohr in den Wurzelraum zu bringen. Das gilt zumindest für Bepflanzungen, die mit starkem Laub die Kastenoberfläche weitgehend bedecken. Bei Verwendung der Brause würde hier das meiste Wasser von den Blättern abgelenkt werden und nutzlos abfließen. Der direkte Strahl bringt das Wasser unmittelbar in den Wurzelraum, wo es gebraucht wird. Allerdings tritt dann eine durchgehende und gleichmäßige Befeuchtung der Bodenoberfläche nicht ein.

Dort, wo zwischen Grün und Erde ausreichend Platz ist, um mit der Brause hinzugelangen, machen Sie es ruhig anders. Dann verteilt sich das Wasser gleichmäßiger und kann so besser in der Erde gespeichert werden.

Wo – allerdings in den seltensten Fällen – auf dem Balkon ein Wasseranschluß vorhanden ist oder zum Beispiel ein zu Balkon oder Terrasse günstig gelegenes Badezimmer- oder Küchenfenster, können Sie einen Schlauch benutzen. Ein Paßstück am Wasserhahn und eine dosierbare Gießbrause am Schlauch erleichtern dann die Arbeit enorm. Sie können dann den Schlauch durch das Fenster auf Balkon oder Terrasse führen. Allerdings haben Sie dann kein temperiertes Wasser zur Verfügung, aber so geht es auch.

Mulchen im Balkonkasten

Fürsorgliche Gärtner mulchen ihren Boden, das heißt, sie bedecken ihn entweder mit Rasenschnitt, ausgezupften Unkräutern oder ähnlichem Material. Das schützt den Boden vor schnellem Austrocknen durch Wind und Sonne, die Feuchtigkeit hält sich unter dieser »Decke« besser. Das können wir natürlich nicht, weil uns in den seltensten Fällen geeignetes Material zur Verfügung steht. Eine mögliche Lösung wäre aber die Verwendung sogenannter »Mulchfolie« aus schwarzem Kunststoff, die im Fachhandel oder bei Versendern und in Gartencentern zu erhalten ist. Sie läßt sich allerdings nur dort verwenden, wo wir Einzelpflanzen setzen, also zum Beispiel bei Erdbeeren, Kohlrabi, Buschtomaten, Zucchini und Ähnlichem. Bei Reihensaaten, wie bei Radieschen, Bohnen oder Erbsen, Roten Rüben oder Kräutern wird das problematisch. Der Gärtner kann sich immerhin noch behelfen, indem er Folie in Bahnen zwischen den Reihen auslegt.

Wenn Sie aber Mulchfolie verwenden wollen, verfahren Sie folgendermaßen: Nach dem Befüllen des Kastens gründlich wässern, dann ein Stück Folie zuschneiden, das etwas

Kästen mit eingebautem Wasserspeicher sind teurer als die Normalausführung.

größer ist als der Kasten und am Rand entweder mit Klammern oder Klebeband befestigen. Für die Pflanzen in entsprechender Anzahl und im richtigen Abstand in die Folie entweder kreuzförmige Schnitte anbringen oder kleine, runde Löcher schneiden. In die Löcher die Jungpflanzen setzen, bei den Kreuzschnitten die Ecken zum Einsetzen der Pflanzen zurückklappen. Bei dieser Methode können Sie natürlich nicht das Erdreich durchgehend wässern, sondern nur in den Wurzelbereich durch die Schnitte und Löcher gießen. Wenn Sie aber die Folie am Kasten- und Behälterrand zum Beispiel mit Wäscheklammern befestigen können, läßt sie sich zum Gießen lösen und nach dem Wässern wieder anbringen. Sie können allerdings bei Reihensaaten auch schmale Folienstreifen dicht zwischen den Reihen befestigen, das hilft auch etwas.

Was tun im Urlaub?

Die beste Langzeitbewässerung für den Fall, daß Sie einige Tage abwesend sind oder in den Urlaub fahren, ist und bleibt immer noch ein hilfsbereiter, zuverlässiger Nachbar oder ein Familienmitglied, das die Balkonpflanzung pflegt. Wenn Sie keinen freundlichen Helfer auftreiben können, wird es schon kritischer.

Es gibt spezielle Blumenkästen zu kaufen, die einen doppelten Boden als Wasserspeicher haben und ein System, das den Pflanzen diese Wasserreserve zuführt. Sie sind allerdings nicht billig, das soll hier gesagt werden. Sollten die Kosten Sie nicht schrecken, erkundigen Sie sich beim Fachhandel oder in Gartencentern nach solchen Behältern. Es gibt sie nicht nur in Kastenform, sondern auch als runde oder eckige Pflanzgefäße.

Einen ähnlichen Effekt können Sie

Wasser, Dünger

erzielen, wenn Sie die Kästen oder Behälter anbohren und eine wasserspeichernde Schicht einbringen, wie es im Kapitel »Den Pflanzen ein Zuhause«, S. 34, beschrieben ist. Lesen Sie dort bitte noch einmal nach.

Bevor Sie aber teuere Gefäße kaufen oder zur Bohrmaschine greifen, möchte ich Ihnen noch zwei andere Möglichkeiten nennen, die zumindest eine Zeit von zwei Wochen ohne Gießen überbrücken: Mischen Sie bereits beim Befüllen der Kästen und vor dem Bepflanzen die von Ihnen gewählte Erde (oder Mischung) mit 50% Tonschaum Grolit 2000 gut durch. Sie erhalten so durch den anteiligen, hoch speicherfähigen Tonschaum ein Substrat, das die Pflanzen bis zu zwei Wochen mit Feuchtigkeit versorgen kann. Den gleichen Effekt verspricht eine sogenannte »Urlaubserde« – ebenfalls von Grolit –, die neu auf den Markt gekommen ist.

Sie sollten allerdings eines berücksichtigen: Diese Angaben beziehen sich auf einen sogenannten »normalen« Sommer. Ist es in einem Jahr einmal besonders heiß, trocknet auch eine solche Erde schneller aus.

Es gibt natürlich auch ganze Bewässerungssysteme, die angeboten werden, für uns aber nicht alle zu empfehlen sind.

Da ist zuerst einmal der Bewässerungscomputer, eine Anlage, die durch Feuchtigkeitsfühler im Boden einen zumeist batteriebetriebenen Kleincomputer zum Einschalten der Wasserzufuhr steuert. So etwas ist aber für den Balkon zu aufwendig und zu teuer und erfordert natürlich einen Schlauchanschluß in der Nähe. Darüber hinaus sind solche Computer zum Betrieb von Rasensprengern und Regneranlagen in Haus- und Kleingärten vorgesehen.

Eine Anlage, die gezielt für Balkonkasten- und Terrassenbewässerung vorgesehen ist, ist das ebenfalls vom Wasserhahn betriebene System BETA-15. Sie kostet aber eine ganze Menge. Als BETA-8 gibt es – preiswerter – eine solche Anlage, die aus einem größeren Wasserbehälter oder einem Behälter mit Schwimmerventil (ähnlich einem Toilettenspülkasten) betrieben wird. Preiswerter und für unsere Zwecke weit besser geeignet ist eine Anlage zur sogenannten »Tröpfchenbewässerung«. Hierbei sorgen bei zu großer Trockenheit in die Kastenerde gesetzte Tonkegel mit einer Tropfeinrichtung dafür, daß den Pflanzen durch ständig nachtröpfelndes Wasser die benötigte Feuchtigkeit zugeführt wird. Auch eine solche Anlage ist nicht ganz billig. Es würde den Rahmen nicht nur dieses Kapitels, sondern auch des Buches überschreiten, die genaue Wirkungsweise einer solchen Bewässerung, die notwendige Größe und somit den ungefähren Preis zu behandeln. Denn hier kommt ja wieder die – mir nicht bekannte – Bepflan-

Ein solches Bewässerungs-System kann die Pflanzen auf dem gesamten Balkon während des Urlaubs versorgen.

zungsgröße Ihres Balkons oder der Terrasse zum Tragen. Sollten Sie an einer solchen Tröpfchenbewässerung interessiert sein, so lassen Sie sich doch bitte beim Fachhandel oder im Gartencenter anhand von Prospekten und Preislisten beraten und entscheiden Sie dann, ob sich die Anschaffung für Sie lohnt.

Auf alle Fälle aber bedenken Sie eines: Alle Bewässerungssysteme, die per Schlauch vom Wasserhahn betrieben werden, sollten durch einen sogenannten »Wasserstop«, wie man ihn auch beim Betrieb von Wasch- oder Spülmaschinen im Haus benutzt, gegen ein Ablösen oder Platzen des Schlauches während Ihrer Abwesenheit gesichert sein! Für entstehende Wasserschäden im Haus würden Sie nämlich verantwortlich und haftbar gemacht werden! Auch die Versicherung tritt dann nicht ein.

Eine weitere Möglichkeit, ihre Balkonpflanzen mit Wasser zu versorgen, ist die »Dochtmethode«. Dabei werden aus einem höher (!) als die Kästen und Töpfe stehenden Vorratsgefäß (das können Wassereimer sein) Wollfäden oder Spezialdochte zu den einzelnen Pflanzen geleitet. Über die Fäden oder die Dochte läuft dann ständig Wasser aus dem Behälter nach. Das tut es allerdings auch dann, wenn der Boden bereits feucht ist, also die Wasserzufuhr ist nicht regelbar.

Eine andere Empfehlung rät zu der »Kasten-in-Kasten«-Methode, bei der für jeden bepflanzten Kasten ein weiterer, leerer untergesetzt wird und als Wasserspeicher dient. Mit Hilfe von einzuziehenden Dochten und unter Verwendung einer speziellen Vliesmatte und Abstandshaltern könnte auch hier eine Bewässerung bis zu 2 Wochen er-

Wasser, Dünger

reicht werden. Aber auch das erfordert einige Kosten und geschickte Hände zum Zusammenbau der Anlage.

Wenn Sie also während Ihres Urlaubes oder Abwesenheit aus anderen Gründen das Gießen nicht selbst übernehmen können, lassen Sie sich von freundlichen und hilfsbereiten Nachbarn, Freunden oder Verwandten vertreten. Ein als »Dankeschön« mitgebrachtes Geschenk aus dem Urlaub ist – auch auf längere Dauer – immer noch billiger, als eine komplizierte und teure Anlage.

Zweiter Gang: Düngen

Ebenso wichtig wie die regelmäßige und ausreichende Bewässerung unseres »Balkongartens« ist die Zufuhr von Nährstoffen. Das, was ich Ihnen am Beginn dieses Kapitels als Vergleich geschildert habe, sollten Sie sich noch einmal ins Gedächtnis zurückrufen oder noch einmal kurz nachlesen.

Wann auch immer in der verwendeten Erde ein gewisser Vorrat an Dünger vorhanden gewesen ist (bei Fertig-Erdmischungen z. B.), so ist er recht bald aufgebraucht. Schließlich haben wir es mit Nutzpflanzen zu tun, die ja Früchte hervorbringen sollen. Und das funktioniert nicht, wenn die Pflanzen selbst hungern müssen. Also muß nachgedüngt werden.

Bei der Frage, welchen Dünger wir am besten verwenden sollen, scheiden sich die Geister. Natürlich können Sie handelsüblichen Blumendünger in flüssiger oder Stäbchenform verwenden. Diese Topfpflanzendünger sind in ihrer Zusammensetzung aber in erster Linie für den Bedarf von Zierpflanzen hergestellt, das heißt, sie haben neben wachstumsfördernden Bestandteilen einen höheren Anteil von Inhaltsstoffen, die die Blütenbildung besonders fördern.

Aber davon abgesehen, teilen sich die Meinungen bei einem ganz anderen Problem: Mit Handelsdüngern oder biologisch düngen? An dieser Stelle wäre etwas Grundsätzliches zu sagen, was viele weniger sachkundige, aber bemühte Streiter aus der Ecke der »öko-Freaks« übersehen: Das Wort »Che-

Die sogenannten Leguminosen, zu denen Erbsen und Bohnen gehören, nehmen Stickstoff aus der Luft auf und sammeln ihn mit Hilfe von Bakterien in Knöllchen an ihren Wurzeln.

Wasser, Dünger

mie« als solches zu verteufeln ist unüberlegt und gedankenlos. Wenn Blüten ihre Farbe annehmen, Erdbeeren und Kirschen rot werden und ihr Aroma entwickeln, – das ist auch Chemie! Nämlich die, die von der Natur erfunden worden ist! Das sollten wir wissen, bedenken und auch im Stillen bewundern. Wenn Leguminosen, zu denen Erbsen und Bohnen gehören, Stickstoff aus der Luft aufnehmen und mit Hilfe von Bodenbakterien als Knöllchen an ihren Wurzeln ansammeln – auch das ist ein chemischer Vorgang innerhalb der Pflanze, den uns die Natur selbst demonstriert. Und wenn wir zum Düngen einen organischen Dünger wie zum Beispiel Horn-, Blut- und Knochenmehl verwenden, so ist auch die Umsetzung der Nährstoffe durch die Bodenbakterien ein natürlicher chemischer Vorgang.

Mag zwar der Meinungsstreit über die Verwendung chemisch-industriell hergestellter Dünger oder biologischer Produkte vordergründig Ansichtssache sein, so spricht doch einiges für die Verwendung organischer Dünger. Industrieller Mineraldünger belastet die Böden, kann zu erhöhter Salz- und Nitratkonzentration und somit zu Schäden führen. Aber auch Gülle, als Tierjauche ja ein natürliches Düngemittel, verursacht im Erdreich hohe Nitratwerte und damit verbundene Schädigung des für die menschliche Versorgung so wichtigen Grundwassers. Sie sehen, die Grenzen zwischen »natürlich« und »künstlich« können fließend sein. Ich persönlich dünge im Garten und auf dem Balkon grundsätzlich mit organischen Mitteln. Die Gründe dafür werde ich Ihnen erklären, und Sie können dann nach eigenem Ermessen entscheiden, nach welcher Methode Sie Ihre Pflanzen »füttern« wollen. Ich glaube, das ist ein fairer Vorschlag.

Industriell hergestellter Mineraldünger ist sofort und gänzlich wasserlöslich und den Pflanzen verfügbar. Das kann bei Überdosierung zu Verbrennungen an den Pflanzenwurzeln und deren nachhaltiger Schädigung führen. Außerdem werden unsere Nutzpflanzen durch hohe Stickstoffgaben »getrieben«, das heißt, überfüttert und zu schnellem Wachstum mit Bildung von stark wasserhaltigem Gewebe angeregt. Sie sind dadurch wesentlich anfälliger für Krankheiten und Schädlinge. Organische Dünger werden von Bodenbakterien erst pflanzenverfügbar gemacht, der Nährstoffstrom fließt deshalb langsamer, gleichmäßiger. Das Ergebnis ist festeres, »knackiges« Gemüse ohne so hohen Wasseranteil, eine Überdüngung oder ein Verbrennen der Wurzeln tritt im Normalfall nicht auf. Ebenso entfällt eine erhöhte Belastung des ohnehin geringeren Bodens in unseren Gefäßen durch Versalzen oder Nitratablagerungen. Schließlich kommt noch ein weite-

Wasser, Dünger

res Argument hinzu, das – zugegebenermaßen – auch ein wenig von Ansichten beeinflußt ist: Wir können ohnehin nicht völlig schadstofffrei gärtnern, weil wir den zum Beispiel in der Luft enthaltenen vorhandenen Belastungen nicht ausweichen können. Wir sollten zumindest dann unseren Pflanzen eine natürliche Ernährung geben.

Mineralische Dünger

Wollen Sie »Kunstdünger« verwenden, also chemisch-industriell hergestellten, so finden Sie in Fachgeschäften, Gartencentern und bei Versendern ein breites Angebot. Es gibt diese Dünger in flüssiger Form, als Pulver oder Granulat und als Düngerstäbchen. Sie sollten sich aber unbedingt an die Mengenangaben und die Gebrauchsempfehlungen halten.

Als Faustregel kann ich Ihnen folgende Empfehlungen geben: Vor dem Umpflanzen vorgezogener Pflanzen oder der Direktaussaat in die Gefäße geben Sie auf 10 Liter Erde (oder Substrat) 30 g mineralischen Volldünger als Startdüngung. Nach circa 4–6 Wochen ist diese Erstversorgung aufgebraucht und die Nachdüngung muß erfolgen. Eine ausreichende Menge für die weitere Versorgung wäre dann wöchentlich ungefähr 2–3 g Volldünger auf 1 Liter Wasser (im Gießwasser aufgelöst), 2 g sind ungefähr die Menge, die einem gestrichenen Teelöffel entspricht. Bei Mischdüngern, wie zum Beispiel Guano flüssig, denen außer dem natürlichen Vogeldung Guano noch mineralische Dünger zugesetzt ist, verfahren Sie am besten nach der auf der Verpackung aufgedruckten Dosieranleitung.

Sie können mineralischen Volldünger auch – anstatt ihn im Gießwasser aufzulösen – bei Direktaussaaten im Kasten zwischen den Reihen ausstreuen, bei Einzelpflanzen (z. B. Tomaten, Erdbeeren, Kohlrabi) um die Pflanzen. Hierbei ist aber das sparsame Dosieren schwieriger, als wenn man den Dünger dem Gießwasser zusetzt.

Organische Dünger

Bei der biologisch-organischen Düngung wird natürlich anders verfahren. Leider haben fast alle Hersteller auch bei diesen Produkten offensichtlich die Balkongärtner vollständig übersehen, so daß auch hier genaue Dosieranleitungen fehlen. Die Verwendung von Flüssigdüngern oder solchen, die sich im Gießwasser auflösen lassen, sind auch hier eine gute Hilfe.

Ich muß Ihnen eingestehen, daß es doch einige Schwierigkeiten bereitet, Ihnen auch nur einen annähernd kompletten Überblick über die zur Verfügung stehenden Erzeugnisse zu geben. Der Grund dafür ist allerdings ein meiner Meinung nach erfreulicher: Immer mehr Firmen, – selbst die großen Chemiefirmen mit ihrem bisher für sie traditionellen

Wasser, Dünger

Angebot an sogenannten Kunst-
düngern – bringen neue biologische
Dünger und Pflanzenpflegemittel
auf den Markt. Hier ist ein deutlicher
Fortschritt hin zum naturgemäßen
Gärtnern und ein Umdenken festzustellen.

1986, also im Jahr vor Entstehen
dieses Buches, tauchte auf dem
Markt der erste flüssige, konzen-
trierte Regenwurmdünger auf.

Von den dort genannten Herstellern
können Sie zur Information über
Neuheiten Prospektmaterial anfordern.

Ebenso, wie bei chemisch-minerali-
scher Düngung erhalten unsere Kästen und Pflanzbehälter bei organischer Ernährung eine Startdüngung, die für die ersten Wochen
ausreicht. Ich muß Sie allerdings an
dieser Stelle daran erinnern, daß
käufliche Fertigerden eine Grunddüngung mit Kunstdünger enthalten. Wenn Sie also ganz auf diese
Nährstoffe verzichten wollen, so
verwenden Sie eine selbstherge-
stellte Mischung, wie sie im Kapitel
»Erden«, S. 46, beschrieben ist.
Sehen Sie das Problem etwas tole-
ranter und stören Sie sich nicht an
der vorhandenen chemisch-minera-
lischen Grunddüngung (die ja bald
verbraucht ist), so mischen Sie gekauften Erdmischungen trotzdem
ungefähr $1/3$ käuflichen Fertigkompost als Grundversorgung bei und
düngen weiter biologisch. Bei Zumi-
schung von Fertigkompost (Kräu-
ter- oder Regenwurmkompost) sind

die bei der Kompostierung tätigen
Bodenbakterien erhalten geblieben.
Wollen Sie auf alle Fälle ganz sicher
gehen, mischen Sie sowohl bei Verwendung von Fertigkompost, als
auch bei Erden, die Sie gekauft und
ohne Kompostzusatz verwendet haben, gefriergetrocknete Bodenbak-
terienkulturen bei. Diese Kulturen
arbeiten nämlich die Nährstoffe biologischer Dünger auf und machen
sie für die Pflanzen verfügbar. Das
bisher einzige mir bekannte Präparat dieser Art auf dem Markt ist
Azet von Neudorff.

Auf den Zusatz von Bakterienkultu-
ren können Sie verzichten, wenn
Sie den von der gleichen Firma hergestellten Bio-Dünger »Garten-
Azet« verwenden. Sie sind hier
schon in der Mischung enthalten.
Dafür ist dieses Produkt etwas teurer, als vergleichbare andere Dünger ohne Zusatz.

Der Erde beigemischter Kompost
sichert als Startdüngung ausreichende Versorgung für die ersten,
etwa sechs Wochen. Dann sollten
Sie – wie auch bei der chemisch-mi-
neralischen Methode – für Nachschub sorgen.

Auch hierbei ist die einfachere Methode, biologischen Flüssigdünger
zu benutzen, der dem Gießwasser
zugesetzt wird. So ist die Dünger-
menge immer gut zu dosieren. Geeignet dafür sind zum Beispiel ein
seit langem bewährtes Präparat
»Bio-Trissol«, das aus Rückständen
bei der Zuckerproduktion gewon-

nen wird, oder »Vermihum«, ein konzentrierter flüssiger Regenwurmhumus. Beide Flüssigdünger führen bei versehentlich falscher Dosierung weder zu Überdüngung, noch zum Verbrennen der Wurzeln. Gebrauchsanleitungen sind auf den Verpackungen jeweils aufgedruckt. Diese Flüssigdüngungen mit dem Gießwasser zusammen sollen alle 14 Tage vorgenommen werden, bei großwüchsigen Pflanzen mit viel Blattwerk und großem Fruchtansatz empfehle ich wöchentliche Anwendung (Tomaten, Zucchini).

Sie können die Nachversorgung aber auch zum Beispiel mit Wurmhumus (z. B. Humorgan) vornehmen. Hier lautet die Herstellerempfehlung monatlich etwa 1–3 Eßlöffel pro Pflanze in die obere Erdschicht einzuarbeiten, wobei die größere Menge natürlich wieder für die obengenannten »Fresser« bestimmt ist. Bei Direktaussaaten in Reihen, wie z. B. Radieschen, wird der Humus zwischen den Reihen ausgebracht und in den Boden eingearbeitet.

Ebenfalls auf die Oberfläche der Kasten- oder Pflanzbehälterfüllung werden organische Dünger aufgebracht und lose eingearbeitet. Ein Zuführen mit dem Gießwasser ist hier nicht anzuraten. Diese Nähr-stoffmischungen bestehen nämlich meist aus gemahlenen organischen Stoffen wie Horn- und Knochenmehl. Sie lösen sich – im Gegensatz zu Chemiedüngern – nicht im Wasser auf, sondern werden erst in Zusammenarbeit von Bodenfeuchtigkeit und Bodenbakterien aufgearbeitet. Würde man sie dem Gießwasser zusetzen (was theoretisch möglich ist) würden sie beim Einsikkern des Gießwassers ohnehin auf der Erdoberfläche bleiben und müßten eingearbeitet werden.

Die Grundversorgung für die ersten Wochen mit entweder Kompost oder pulverförmigem Bio-Dünger kann bei Kästen und Behältern für Direktaussaat durch Beimischen in die Erde erfolgen. Bei Auspflanzen von Einzelgewächsen, wie Tomaten-, Zucchini-, Erdbeer- oder Kohlrabipflanzen können Kompost oder Dünger oder eine Mischung aus beidem direkt in das Pflanzloch gegeben werden.

Natürlich gilt das Gesagte über Düngung sinngemäß auch für Mini-Obstbäumchen und Beerensträucher auf Balkon und Terrasse. Und auch sie brauchen eine ausreichende Versorgung mit Wasser, aber ich glaube, das mußte wohl kaum noch besonders erwähnt werden.

Pflanzenschutz und Winterschutz

Vom »Jugendschutz« zum »Pflanzen-Doktor«

»Vorbeugen ist besser als Heilen«, dieser altbekannte Satz gilt nicht nur bei uns Menschen, sondern trifft auch bei unseren Pflanzen zu. Wir könnten ihn in unserem Fall abwandeln und statt dessen sagen »Vorbeugen ist besser als Spritzen«. Das würde allerdings nur bedingt zutreffen, weil nämlich viele Schutz- und Pflegemaßnahmen nur mit Hilfe von Spritzgeräten oder Zerstäubern möglich sind. Auf alle Fälle aber sollten wir von vornherein das Vorurteil ablegen, daß mit dem Begriff »Spritzen« das oft leichtfertige Verteilen hochgiftiger Substanzen gemeint ist.

Generell möchte ich Ihnen sagen: Je gesünder und kräftiger unsere Aussaaten und Pflanzen von Anfang an heranwachsen, je fürsorglicher sie in ihrer »Jugend« geschützt und gepflegt werden, um so mehr Freude und weniger Ärger werden wir später mit ihnen haben.

Das beginnt schon bei der Auswahl des bestmöglichen Bodens, um von vornherein eine gute Grundlage für gesundes Wachstum zu bieten und setzt sich mit sorgfältigem Wässern und der richtigen Ernährung fort. Pflanzen die auf guter Grundlage mit gesundem, kräftigen Blattwerk herangewachsen sind, zeigen sich weit weniger anfällig für Krankheiten und Schädlinge, als solche, die auf ungeeignetem Boden gezogen wurden, Trockenschäden während des Wachstums und Nahrungsmangel oder Überdüngung erlitten haben. Rufen Sie sich noch einmal in Erinnerung, was über Erden, Wässern und richtiges Düngen in den vorigen Kapiteln gesagt wurde, und Sie haben schon einen wichtigen Teil beim vorbeugenden Pflanzenschutz geschafft.

Auch die Wahl geeigneter Sorten kann Sie vor Schäden und Enttäuschungen von vornherein bewahren. Sorten, die im Freiland hervorragend gedeihen, müssen nicht auch für den Balkon geeignet sein, im Gegenteil, hier würden sie eventuell kümmern und sogar eingehen. Bestes Beispiel dafür sind die als spezielle Züchtung im Handel befindlichen Balkongurken. Sie sind in ihren Ansprüchen und Wachstumsbedingungen der besonderen Verwendung angepaßt und weisen eine hohe Mehltauresistenz auf. Das heißt, sie sind weitgehend unempfindlich gegen den für Mehltau verantwortlichen Schadpilz. Unempfindlich bedeutet aber nicht, daß die Pflanzen völlig geschützt und frei von dieser Blatterkrankung sind! Im ungewöhnlich kühlen und vor allen Dingen verregneten Sommer '87 ist mir eine ganze Anpflanzung dieser Balkongurkensorte schwer an Mehltau erkrankt und eingegangen. Gegen solche extrem schlechten Witterungsbedingungen kann man kaum etwas noch Wirkungsvolles unternehmen. Die Gurke ist von

Pflanzenschutz und Winterschutz

1 Schnecken als Schädlinge treten nur bei Nutzbepflanzung auf der Terrasse auf.

2 In kühlen, feuchten Sommern bietet auch eine an sich resistente Sorte keinen Schutz vor Mehltau. Hier sind zusätzliche Vorbeugungs-Spritzungen nötig.

3 Vorbeugenden Schutz gegen Grauschimmel an Erdbeeren bieten auch rein biologische Mittel.

4 Gegen die am häufigsten als Schädlinge auftretenden Blattläuse wirken biologische Mittel sicher und prompt. Bei den neuen Produkten werden Nutzinsekten geschont.

5 Kohlweißlingsraupen können selbst auf hoch gelegenen Balkonen auftreten.

Pflanzenschutz und Winterschutz

Haus aus nun einmal eine Orientalin, die trotz aller angepaßter Züchtungen anfälliger ist als heimische Gewächse, und ab und zu zeigt uns auch die Natur, daß sie immer noch die Stärkere ist und sich nicht zwingen läßt.

Neben den genannten gesunden Wachstumsbedingungen, die unseren Pflanzen einen guten Start ermöglichen, können Sie ihnen zusätzliche Schutzmaßnahmen während ihrer »Jugendzeit« mit auf den Weg geben. Solche vorbeugende Behandlungen sind durch Spritzungen mit biologischen Stärkungs- und Pflegemitteln oder schützenden Substanzen durchzuführen.

An erster Stelle für den vorbeugenden »Jugendschutz« stehen flüssige Braunalgenpräparate. Die bekanntesten unter ihnen sind »Algan« von Neudorff und »Algifert-Plus« von Cohrs. Beide Flüssigprodukte werden aus Nordseealgen hergestellt und haben hochwirksame Inhaltsstoffe wie Vitamine, Pflanzenhormone, Enzyme und Spurenelemente.

Braunalgen-Präparate bewirken durch ihre konzentrierten Wirkstoffe gesundes, kräftiges Pflanzenwachstum und steigern die Widerstandskraft gegen Pilz- und Viruserkrankungen sowie gegen Schadinsekten. Erzielt wird diese Wirkung durch Kräftigung und Festigung des Blattgewebes, wodurch ein Befall durch Schadpilze, Viren und Schädlinge erschwert wird.

Die Dosierung dieser Mittel und die Häufigkeit der Anwendung sind von den Herstellern gut und verständlich auf den Packungen, bzw. auf Beipackzetteln angegeben.

Eine weitere Möglichkeit des vorbeugenden Pflanzenschutzes ist das Spritzen mit speziellen Präparaten gegen Pilzbefall (Mehltau bei Gurken, Grauschimmel bei Erdbeeren) und Viruserkrankungen. Sie bestehen entweder aus Heilkräuterauszügen und Silikatanteilen (pflanzlich-mineralische Wirkstoffe, wie sie im Schachtelhalm enthalten sind) wie bei »Dr. Schaette Bio-S neu« von Cohrs oder aus Inhaltsstoffen der Sojabohne (Sojaöl und Lecithin aus der Sojabohne) in »Bio-Blatt« von Neudorff. Es sind aber auch Kombinationspräparate auf dem Markt, die die Vorteile des Braunalgenkonzentrats und des gezielten Schutzes gegen Virus- und Pilzbefall in sich vereinigen. »Neudovital« schützt aufgrund seiner Zusammensetzung auch gegen Grauschimmel bei Erdbeeren und gegen Braunfäulepilz bei Tomaten. Beide Krankheiten treten besonders bei längeren Regenperioden auf. »Polymaris – Pflanzenkräftiger« von Cohrs baut neben dem Algenanteil auf Wildkräuterauszüge und solche aus Reifekompost.

Aus Schachtelhalmpulver läßt sich eine Pflanzenbrühe herstellen, die ebenfalls als Vorbeugungsspritzung gegen Grauschimmel und anderen Pilzbefall (Mehltau und Braunfäule)

Pflanzenschutz und Winterschutz

wirksam ist. Solches Pulver bekommen Sie entweder fertig abgepackt von Herstellern von Bio-Präparaten über den Fachhandel, in Gartencentern oder bei Versendern, oder Sie können es auch in vielen Drogerien und Apotheken kaufen. In letzterem Fall kochen sie 20 g getrockneten Schachtelhalm 30 Minuten, sieben Sie nach dem Abkühlen ab und spritzen Sie vorbeugend fünffach verdünnt (!) alle 2–3 Wochen.

Der Einfachheit wegen empfehle ich Ihnen die Kombinationspräparate, weil Sie vorbeugende Pflanzenpflege und -schutz gewissermaßen aus einer Packung durchführen können.

Das bisher einzige zugelassene Mittel, das auch bei bereits eingetretenem Mehltaubefall nach Prüfung für wirksam befunden wurde, ist das genannte »Bio-Blatt«. Es gilt aber – sowohl hierfür, wie für das Folgende – was ich bereits im vorhergehenden Kapitel angemerkt habe: Es sind viele Entwicklungen und Bestrebungen im Gange, und schon die nächste Gartenfachmesse kann neue Präparate und solche von anderen Herstellern bringen.

Es ist noch nachzutragen, daß vorbeugende Spritzungen gegen Grauschimmel bei Erdbeeren immer zur Blütezeit und direkt in die Blüte vorgenommen werden.

Gegen Weiße Fliege, die neben Zierpflanzen auf Balkon und Terrasse auch unsere Nutzpflanzen befallen kann, gibt es ein neues, »bio-

Die sogenannten »Gelbsticker« locken mit ihrer Farbe die Weiße Fliege an.

mechanisches« Mittel. Das sind die sogenannten »Gelbsticker«, auf einen Drahtstab angebrachte kleine gelbe Kartondreiecke, die mit einem Spezialleim beschichtet sind. Diese Täfelchen werden in den Kasten gesteckt, durch die gelbe Farbe werden die weißen Fliegen angelockt und bleiben auf der Leimbeschichtung kleben.

Soweit also die vorbeugenden Maßnahmen. Wie schon erwähnt, gibt es bei Pilzbefall (Mehltau) bisher erst ein biologisches Mittel, das auch bei bereits eingetretenem Befall Wirkung verspricht und dafür auch zugelassen ist. Ansonsten hilft bei Pilz- und Viruserkrankung leider nur das Entfernen befallener Blätter und Früchte und ihre Vernichtung, bei sehr starkem Befall bleibt meist nur die Vernichtung der ganzen Pflanze übrig. Bedenken Sie aber eins: Befallene Pflanzen oder Teile davon

Pflanzenschutz und Winterschutz

gehören nicht auf den Kompost, weil die Erreger dort weiterleben und die Krankheit später bei Verwendung des Komposts auf neue, gesunde Pflanzen übertragen können! Das sei für den Fall gesagt, daß Sie auf der Terrasse Ihres Hauses gärtnern wollen und in einer Ecke des Ziergärtchens vielleicht einen kleinen Komposthaufen aufgesetzt haben.

Bei Insektenbefall Ihrer Pflanzen gibt es inzwischen eine ganze Reihe biologischer Mittel, die sehr wirkungsvoll sind. Sie wirken gegen Blattläuse, Weiße Fliege und Spinnmilben, die am häufigsten auftretenden Schadinsekten. Als sogenannte »beißende« Schädlinge kommen Käfer und Raupen hinzu.

Hauptbestandteil dieser Mittel ist Pyrethrum, ein aus einer afrikanischen Margeritenart gewonnenes pflanzliches Gift. Es ist für Bienen ungefährlich, zersetzt sich durch den Luftsauerstoff und Lichteinwirkung innerhalb weniger Stunden vollständig, nachdem es gewirkt hat. So kann also Obst oder Gemüse, bei dem wenige Stunden vor der Ernte Befall bekämpft wurde, ohne Bedenken verwendet werden. Es muß allerdings gesagt werden, daß diese Mittel für Nutzinsekten, wie Marienkäfer und deren Larven, für Schwebfliegen und Florfliegen mit deren Nachwuchs gefährlich sind. Die drei genannten Arten sind zum Beispiel gefürchtete Blattlausjäger und sollten deshalb geschützt

und geschont werden. Das gelingt durch das bisher einzige auf dem Markt befindliche »selektive« Mittel, »Neudosan« von Neudorff. Dieses Präparat trifft wirklich nur die Schadinsekten und schont alle Nützlinge, einschließlich der Bienen. Sicher werden aber im Zuge der Weiterentwicklung auch andere Hersteller bald folgen.

Manchmal erscheint es unwahrscheinlich, daß sich die Schädlinge auch bei uns auf dem Balkon zeigen sollen. Aber glauben Sie mir – sie tauchen auch dort auf. Auf dem Balkon meiner Freunde im 7. Stock eines Hochhauses, wo ich eine Versuchspflanzung angelegt hatte, tummelten sich Weiße Fliegen, Läuse und auch einige Raupen. So hoch können die sich ausbreiten. Neben den industriell hergestellten Mitteln hilft gegen Blattlausbefall auch ein Brennessel-Kaltauszug. 100 g frische Brennesseln oder 20 g Pulver (in Gartengeschäften und -centern oder Drogerien und Apotheken erhältlich) 24 Stunden in 1 Liter kaltem Wasser ziehen lassen, abfiltern und unverdünnt spritzen. Auch Brennesselbrühe tut die gleichen Dienste. Die oben angegebene Menge wieder 24 Stunden einweichen, aber dann im Einweichwasser 30 Minuten kochen, abkühlen lassen und abfiltern. Da durch das Kochen die Wirkstoffe viel mehr aus den Pflanzen oder dem Pulver gelöst werden, wird dieser Extrakt fünffach verdünnt gespritzt.

Pflanzenschutz und Winterschutz

Es gibt auch gegen Blattläuse und Spinnmilben eine Spritzmöglichkeit mit Tabakbrühe. Dabei werden 4 Zigarettenkippen, in denen ja eine hohe Nikotinkonzentration steckt, in einem verschlossenen Gefäß (Schraubglas) mit $1/2$ Liter Wasser 2 Tage angesetzt. Nach dem Abfiltern wird unverdünnt gespritzt. Diese Methode ist zwar wirkungsvoll, aber ich rate trotzdem davon ab! Sie ist für Nutzinsekten ebenfalls tödlich.

Als sicherstes käufliches Mittel empfehle ich Ihnen aus Erfahrung und Überzeugung das genannte selektive Mittel.

Wenn Sie sich über biologischen Pflanzenschutz und selbst anzusetzende Mittel mehr informieren wollen, als das in der Kürze nur eines Kapitels in diesem Buch möglich ist, empfehle ich Ihnen das im gleichen Verlag und in dieser Reihe erschienene Buch »Biologischer Pflanzenschutz«, von Marie-Luise Kreuter. Sie werden sicher schon gemerkt haben, daß ich bisher nur über biologische Verfahren der Pflanzenpflege und der Schädlingsabwehr berichtet habe. Den Grund dafür habe ich Ihnen bereits im vorhergegangenen Kapitel genannt: Ich selbst gärtnere aus Überzeugung biologisch, und das mit erstaunlichem Erfolg. Erstaunlich zumindest für Gegner oder Kritiker dieser Methode. Und darüber hinaus vertrete ich auch zu diesem Thema die Meinung, daß die in der Stadt ohnehin

viel stärker belastete Luft eine zusätzliche Gabe von starken Chemiegiften ausschließen sollte. Die sanfte, aber ebenso wirkungsvolle biologische Methode ist für Balkon- und Terrassengärten die bessere. Sollten Sie aber an der Wirksamkeit der biologischen Pflege und des Schutzes Ihrer Pflanzen zweifeln oder aus anderen Gründen der Chemie mehr trauen, so finden Sie zur Vorbeugung und Bekämpfung von Pilzerkrankungen und zur Abwehr unerwünschter »Mitesser« sehr wirkungsvolle Präparate in Fachgeschäften, Gartencentern und bei Versendern. Die Zahl der Hersteller und ihrer angebotenen Mittel ist aber ungleich höher, als bei den Bio-Präparaten, so daß ich unmöglich einen auch nur annähernden Überblick vermitteln könnte. Bitte erkundigen Sie sich in diesem Fall bei einem Fachhändler nach einem entsprechenden Mittel. Sie haben dort auch die Möglichkeit des Preisvergleiches, denn solche Mittel werden unterschiedlich teuer angeboten, und nicht alle Hersteller bieten kleinere Packungen an, die für Balkon und Terrasse ausreichen.

Über einen Schädling habe ich noch etwas nachzutragen: Die Schnecke. Auf Balkonen dürfte sie gar nicht vorkommen, es sei denn, mit einer selbst angemischten Erde wurden im Frühjahr Schneckeneier mit eingeschleppt, aus denen sich dann die Plagegeister entwickeln. Beim Gärtnern auf der Terrasse können

Lassen Sie auf kahlen Balkonen und Terrassen grüne Oasen entstehen!

Schnecken schon eher aus dem eigenen oder dem benachbarten Grundstück unsere Pflanzen überfallen. Biologische Mittel, wie abwehrende Präparate oder die berühmte Bierfalle scheiden hier aus. Die Falle müßte nämlich, um wirksam zu sein, ebenerdig neben die Pflanzen eingegraben werden. Das geht natürlich nur im Gartenboden, nicht auf einer gepflasterten Terrasse. Streumittel zur Abwehr würden vom Regen fortgewaschen und somit wirkungslos. Das gilt ebenso für das giftige Schneckenkorn. Dies ist übrigens wegen der Schädlichkeit auch für Haustiere nicht zu empfehlen.

Es gibt im Fachhandel sogenannte »Schneckenzäune« zu kaufen, die den Schädlingen ein Übersteigen verwehren. Man könnte natürlich auf einer Terrasse solche Elemente, die es von verschiedenen Herstellern gibt, aufstellen und innerhalb dieser Umzäunung Kästen, Töpfe, Pflanzbehälter und Pflanzsäcke geschützt unterbringen, aber solche Zäune sind auch nicht billig. Daß sie wünschenswert wären, weiß ich aus eigener Erfahrung, weil mir die Schnecken Kohlrabi im Pflanzsack auf einer Terrasse kräftig angefressen haben.

Am sichersten ist immer noch die Methode, abends die Terrassenbepflanzung abzusuchen, die Schädlinge anzusammeln und irgendwo anders im Grünen wieder auszusetzen. Wer Schnecken ungern anfassen will, nimmt ein größeres Blatt oder Küchenpapier.

Pflanzenschutz und Winterschutz

Wintermantel für Sommergäste

Nicht alle »Grünen« auf unserem Balkon und der Terrasse geben ein nur kurzes Gastspiel, wachsen nur einen Sommer lang. Da sind zuerst einmal die mehrjährigen Kräuter, die überwintern müssen, gefolgt von Beerenobst und den eventuell vorhandenen Mini-Obstbäumchen. Es wäre schade, wenn durch falsche Behandlung aufgewendete Kosten und liebevolle Pflege zunichte gemacht würden. Dabei ist es relativ einfach, dafür zu sorgen, daß die Gäste auf unserem sommerlichen Balkon den kalten Winter unbeschadet überstehen und im folgenden Jahr wieder grünen, blühen und Früchte tragen.

Karton mit einer Auspolsterung aus zerknülltem Zeitungspapier bewahrt den Wurzelbereich vor Frostschäden.

Sie sollten bei den Gewürz- und Küchenkräutern von Anfang an dafür Sorge tragen, daß sie getrennt in ein- und mehrjährige in Kästen und Pflanzbehältern untergebracht werden. (Angaben dazu siehe nächstes Kapitel.) Die mehrjährigen Kräuter werden überwintert, wie Sie es vielleicht schon von Geranien kennen: kühl und nicht ganz dunkel. Es eignen sich als Standort Räume, die nicht geheizt, aber frostfrei sind, wie zum Beispiel Treppenhäuser, Waschküchen und Kellerräume mit etwas Tageslicht. Da der Säftestrom in den Pflanzen auch über Winter nicht unterbrochen ist, sondern gewissermaßen »auf Sparflamme« weiterläuft, ist sparsames Gießen erforderlich. Geben Sie den Pflanzen deshalb alle 3–4 Wochen etwas Wasser. Sie dürfen nie völlig austrocknen, sonst gehen sie ein. Zuviel Wasser oder gar Düngergaben würde die zur Erholung nötige Winterruhe der Pflanzen verkürzen oder unterbrechen. Verlassen Sie sich auf die eigene »biologische Uhr« ihrer Schützlinge – sie werden zur rechten Zeit wieder austreiben. Von diesem Zeitpunkt an dann wieder mehr gießen und langsam mit dem Düngen beginnen.

Andenbeeren können – obwohl sie auf den Samenpackungen als nur einjährig bezeichnet sind – drinnen überwintern. Sie werden im Herbst auf etwa 10–15 cm herunterge-

Pflanzenschutz und Winterschutz

Eine dicke Lage Zeitungspapier mit einer Umhüllung aus Aluminiumfolie ist ein guter Winterschutz.

schnitten. Tomatenbäume überwintern ebenfalls im Haus oder der Wohnung. Sie sind nicht frostfest. Alle anderen Beeren- und Obstsorten sind zwar winterhart, aber für etwas Frostschutz dankbar. Das im Verhältnis zum Freilandanbau in Kästen und Kübeln geringere Erdreich bietet den Wurzeln weniger Schutz vor dem Erfrieren.

Erdbeeren, die ja auch im Freien überwintern, werden abgehängt, die Kästen oder Behälter mit Klettererdbeeren in eine geschützte Ecke gestellt, Hängeampeln sollten besser in Innenräumen überwintern. Das gleiche gilt für Himbeeren, Brombeeren und Tayberries, sowie Blaubeeren und Preiselbeeren. Bei

den drei ersten werden die abgetragenen (und nur die!) Ruten abgeschnitten, alle anderen, die noch keine Früchte getragen haben, bleiben dran.

Johannis- und Stachelbeer-Hochstämmchen, sowie Mini-Obstbäumchen haben sich auch auf Balkon und Terrasse als weitestgehend winterhart gezeigt. Stämme und Zweige vertragen Frost, nur die Wurzelräume hätten gerne Schutz. Kleinere Pflanzkübel, die Sie anheben können, werden in eine etwas größere Kiste oder einen stabilen Karton gestellt, der verbliebene Zwischenraum mit Holzwolle, Styroporflocken oder zerknülltem Zeitungspapier ausgefüllt und rundherum eine Folie geklebt. Ein Abdecken des Erdreichs mit Haushalts-Aluminiumfolie hat sich als sehr gut erwiesen. Bitte nur sehr sparsam und an frostfreien Tagen gießen! Nehmen die Gewächse zuviel Feuchtigkeit auf, kann es an sehr kalten Tagen zum Platzen und Ausfrieren von Rinde und Zweigen kommen!

Bei größeren Pflanzbehältern verfahren Sie ähnlich. Um runde Container ein paar Lagen Zeitungspapier mit Klebeband befestigen oder dünnes, biegsames Styropor benutzen und mit Folie abdecken, eckige Behälter mit zugeschnittenen Styroporplatten schützen.

Wenn Sie den mehrjährigen Pflanzen Winterschutz geben, werden Sie lange Freude an ihnen haben.

Von Andenbeere bis Zucchini

Kräuter

Basilikum
Einjährig – paßt hervorragend zu
Tomaten und allen Gerichten daraus. Aussaat ab März in Töpfen
oder Schalen auf der Fensterbank.
Lichtkeimer, deshalb nach Saat nur
ganz dünn mit Erde bedecken, gut
feucht halten. Kann einmal pikiert
und dann in Büscheln in Töpfe,
Schalen oder Kästen verpflanzt werden. Erst nach den Eisheiligen ins
Freie. Lockeren, nährstoffreichen
Boden und sonnigen, geschützten
Platz vorsehen. Ernte, sowie einige
Blättchen ausgebildet sind. Blüten
abzwicken, bevor sie sich öffnen,
das regt den Blattwuchs an.

Rotes und grünes Basilikum.

den Blättern! Einzeln setzen. Sobald die Pflanzen kräftig sind, können Blättchen frisch geerntet werden. Zum Trocknen und Einfrieren
geeignet.

Bergbohnenkraut
Mehrjährig – Pflanzen vorgezogen
kaufen oder ab März auf der Fensterbank aussäen. Lichtkeimer. Ab
Mitte Mai ins Freie. Nicht viel Gießen, empfindlich gegen Nässe auf

Bohnenkraut
Einjährig – Anzucht, Ernte und Verwendung wie Bergbohnenkraut.
Beide brauchen Wärme und Sonne,
um gutes Aroma zu entwickeln. Guter Nachbar für Bohnenpflanzen.

Bohnenkraut im Kräuterkasten.

Borretsch
Einjährig – kann bis 80 cm hoch
werden, deshalb einzeln in größerem Topf ziehen. Aussaat direkt ab
April im Freien. Pflanzen vereinzeln,
nur pro Topf eine große stehenlassen. Braucht viel Wasser, erholt
sich schnell, wenn einmal etwas
welk geworden und dann gegossen
wurde. Sobald die Pflanze groß ist,
junge Blätter ernten, größere sind
hart. Steht gern sonnig.

Von Andenbeere bis Zucchini

Blühender Borretsch.

Dill gedeiht auch in Pflanzschalen.

Dill

Einjährig – Aussaat ab April im Freien. Braucht lockeren, humosen Boden, aber nicht düngen. Deshalb Mischung von 2 Teilen Balkonkastenerde und 1 Teil Fertigkompost empfohlen. Folgesaat alle 6 Wochen, weil sich Pflanzen sehr schnell verbrauchen. Pflanzen auf 10 cm Abstand vereinzeln. Braucht viel Feuchtigkeit, Sonne und geschützten Platz. Ab 20 cm Höhe kann geerntet werden. Zum Einfrieren geeignet.

Estragon

Er ist ein- und mehrjährig – mehrjährig als vorgezogene Pflanze zu kaufen. Aussaat ab März auf Fensterbrett, einzeln in Töpfe von mindestens 20 cm Durchmesser pikieren. Liebt nährstoffreichen, lockeren Boden, warmen und windgeschützten Standort, verträgt Halbschatten.

Blättchen und frische Triebe können den Sommer über geerntet werden. Eignet sich zum Trocknen, verliert aber dann Aroma.

Kerbel

Einjährig – Aussaat ab März in größere Töpfe oder kleine Kästen. Lichtkeimer. Liebt lockeren, feuchten Boden, verträgt keine pralle Sonne, kann gut unter Hochstämmchen oder Bäumchen als Untersaat ausgebracht werden. Im normalen Blumentopf von dünner Aussaat nur 2 Pflänzchen stehenlassen. In Kästen 10 cm Abstand. Nachsaat alle 2–4 Wochen empfohlen. Nur vor der Blüte verwendbar. Braucht nur die Startdüngung, bei Nachsaat etwas nachdüngen, am besten mit Kompost oder organisch.

Kresse

Einjährig – Anzucht bereits in früherem Kapitel beschrieben (S. 13).

Von Andenbeere bis Zucchini

Estragon (Mitte links) neben Salbei.

Oregano ist mit dem Majoran verwandt.

Liebstöckel

Mehrjährig – Pflanze am besten vorgezogen kaufen, da sie recht groß wird und die Blätter große Würzkraft haben, reicht eine Pflanze. Deshalb Aussaat nicht empfohlen. In 30-cm-Topf setzen, liebt nährstoffreichen Boden mit organischem Dünger, verträgt Halbschatten. Pflanze im Lauf des Sommers 2–3mal etwas zurückschneiden, treibt immer wieder aus und kann laufend geerntet werden. Vor Überwintern ganz herunterschneiden. Frosthart.

Majoran

Mehrjährig – am besten vorgezogene Pflanze kaufen und in größeren Topf setzen. Ist nur (!) bei Frostschutz im Zimmer mehrjährig, weil äußerst frostempfindlich. Liebt lockeren, nährstoffreichen Boden (organische Düngung empfohlen), möchte sonnig und windgeschützt stehen. Ernte von Blättchen und

Triebspitzen den ganzen Sommer über. Zum Trocknen geeignet.

Oregano

Mehrjährig – am besten vorgezogenes Pflanzenbüschel kaufen und in größeren Topf einzeln setzen, weil Wärme und etwas trockener Boden erwünscht. Kann dann auch im Topf innen überwintern. Im Frühjahr zurückschneiden, treibt dann wieder aus. Ernte der jungen Blätter und Triebspitzen im Sommer bis zum frühen Herbst.

Petersilie

Einjährig – glatte oder krause Sorten können vorgezogen gekauft werden. Da wenig kälteempfindlich, kann sie in größeren Töpfen (20 cm tief) ab März auch selbst ausgesät werden. Braucht bis zum Aufgehen viel Feuchtigkeit. Keimdauer 3–4 Wochen. Nahrhafter, lockerer Boden erwünscht, sonniger Standort

Von Andenbeere bis Zucchini

Pfefferminze

Rosmarin braucht größere Töpfe.

günstig, verträgt auch Halbschatten. Im Juli oder August in Töpfe gesät und vor dem Frost auf die Fensterbank hereingeholt, kann Petersilie auch im Winter geerntet werden. Bei Ernte von den ausgewachsenen Pflanzen nur äußere Stengel schneiden, nie Herzblätter, sonst wächst die Pflanze nicht weiter. Krause und glatte Sorten.

Pfefferminze
Mehrjährig – auch in Abarten als Apfelminze, Krauseminze oder Orangenminze erhältlich. Vorgezogene Pflanzen kaufen, in größeren Einzeltöpfen ziehen, da sie ansonsten weitauslaufende Wurzeln bildet und Nachbarpflanzen behindert. Liebt feuchten Boden und luftigen Halbschatten. Keine großen Ansprüche an den Boden. Zum Gebrauch können fast täglich Blättchen geerntet werden. Zum Trocknen geeignet.

Rosmarin
Mehrjährig – fertige Pflanze kaufen, in größeren Topf setzen. Braucht dringend Sonne und Windschutz, ist aber mit magerem Boden zufrieden. Verträgt auch leichte Düngung. Unbedingt im Winter hereinholen! Bei ausgewachsener Pflanze können Blättchen und Triebspitzen ganzjährig geerntet werden. Im Jungstadium schonend ernten. Zum Trocknen geeignet.

Salbei
Mehrjährig – vorgezogen kaufen. Eine Pflanze in größerem Topf reicht. Liebt trockenen, leicht kalkhaltigen Boden und Sonne. Braucht aber im Sommer Feuchtigkeit. Achtung! Bei Anzeichen von leichtem Welken gießen. Vom Frühjahr an kann von kräftigen Pflanzen bis zum Herbst geerntet werden. Zum Trocknen geeignet. Auch als buntblättrige Sorte erhältlich.

Von Andenbeere bis Zucchini

Salbei

Zitronenmelisse

Schnittlauch
Mehrjährig – die Pflanze ist frosthart. Da eigene Aussaat erfahrungs-
gemäß etwas schwierig, vorgezogene Töpfchen kaufen und umpflanzen. Als sogenannter Chinalauch
oder Knolau, eine Abart mit Knoblaucharoma, selbst aussäen. Bei
selbst gesäten im ersten Jahr nur
sparsam ernten. Liebt nährstoffreichen Boden und unbedingt Feuchtigkeit, verträgt Sonne und Schatten. Aussaat März–April in Töpfe
oder Schalen, in »Saatmulden« ca.
20 Samenkörnchen legen, leicht mit
Erde bedecken, gut feucht halten.
Nie austrocknen lassen. Für den
Winterbedarf Wurzelstöcke teilen,
umpflanzen und im Haus an einen
hellen, kühlen Ort stellen. Im Frühjahr wieder auspflanzen.

Thymian
Mehrjährig – Pflanzen vorgezogen
kaufen, in größere Töpfe setzen.

Mag sonnigen Standort, lockeren
Boden, verträgt nur wenig Feuchtigkeit und weder Schatten, noch Dünger. Nur im warmen Sommer sparsam gießen. Im Inneren überwintern, im Frühjahr auf etwa 5 cm herunterschneiden, treibt dann wieder
aus. Frische Blättchen und Triebe
können von Frühjahr bis Winteran-
fang geerntet werden. Zum Trocknen geeignet.

Zitronenmelisse
Mehrjährig – vorgezogene Pflanze
kaufen, in größeren Topf setzen.
Braucht sonnigen, geschützten
Platz, lockeren und humosen Boden. Ab und zu mit Kompost oder
Dünger versorgen. Winterfest, kann
mit Schutzmaßnahmen im Freien
überwintern. Ab Mai können Blätter
und Triebe geerntet werden, aber
nur die frischen, ältere sind hart.
Zum Trocknen geeignet, frisch aber
besser.

Von Andenbeere bis Zucchini

Gemüse

Im Kapitel »Die begrenzten Unmöglichkeiten« sind die für den Balkon überhaupt geeigneten Gemüsesorten bereits erwähnt. Da sich die Auswahl nach Ihren Wünschen und dem Platz, den Ihr Balkon bietet, richtet, entnehmen Sie Aussaatzeiten und Anleitungen zur Weiterkultur den ausführlichen Beschreibungen auf den Samentüten. Ich möchte mich hier hauptsächlich auf Angaben erprobter und bewährter Sorten beschränken.

Bohnen

Für Kästen sind alle Buschbohnensorten geeignet. Empfehlenswert sind die gelben Wachsbohnensorten. Neu auf dem Markt sind Busch-Feuerbohnen. Stangenbohnen und die auch Prunkbohnen genannten Feuerbohnen eigenen sich zum Bewachsen von Trenn- und Hauswänden. Sie werden dann an Schnüren oder Rankgittern gezogen.
Bohnen sind frostempfindlich! Sie sollen auf keinen Fall vor Anfang Mai ausgesät werden, besser noch nach den Eisheiligen Mitte Mai. Sie können allerdings bereits ab April im Zimmer in Jiffy-Torftöpfen vorgezogen werden und sollten mit ihren gut durchwurzelten Topfballen ebenfalls nach den Eisheiligen ausgepflanzt werden. Pro großen Jiffy-Topf 4 Bohnenkerne nehmen. Ansonsten bei Aussaat von Buschbohnen in »Nestern« von ebenfalls

Stangenbohnen brauchen Rankhilfen in Form von Schnüren oder Gittern.

4 Kernen auslegen, bei Stangenbohnen in gleicher Menge um eine Rankschnur in großen Topf Pyramidenpflanzung möglich..
Der Kastenerde eine Grunddüngung in Form von $^1/_3$ Kompost beigeben. Nachdem diese nach ca. 6 Wochen verbraucht ist, 1 × monatlich mit organischem Dünger nachversorgen. Normal gießen. Als Nachfrucht z. B. im abgeernteten Radieschenkasten können Bohnen noch einmal Mitte Juni nachgesät werden. Sie bringen dann im Herbst noch eine schöne Ernte an sogenannten »Junibohnen«.

Von Andenbeere bis Zucchini

Zuckererbsen im Kasten.

Balkongurken haben »Portionsgröße«.

Erbsen

Zuckererbsen sind zum Verzehr der ganzen, jungen Schoten als gedünstetes Gemüse gedacht. Ansonsten Markerbsen aussäen. Da sie nicht so frostempfindlich, wie Bohnen sind, kann die Aussaat schon ab Mitte bis Ende März erfolgen. Sie ranken mit Hilfe von Schnüren, Gittern oder Kunststoffnetzen an Wänden und Balkongittern.

Neue Sorten haben lila Schoten mit – wie gewohnt – grünen Kernen im Inneren. Sie blühen mit sehr hübschen violett-rosa Blüten und sind so auch noch zusätzlich ein Balkonschmuck.

Düngen und Wässern wie bei den Bohnen beschrieben.

Gurken

Sie stammen ursprünglich aus den Subtropen und sind deshalb sehr frostempfindlich. Im Freien direkt ausgesät sollten sie nicht vor Mitte Mai in den Boden kommen. Ab April können Sie Gurken im Zimmer in kleinen Töpfchen – am besten Jiffy-Torftöpfen – vorziehen. Mit den durchwurzelten Töpfen dann Mitte Mai, besser noch nach den Eisheiligen, wenn keine Fröste mehr zu erwarten sind, umsetzen. Sie haben dann einen erheblichen Wachstumsvorsprung. Gurken werden entweder mit genügendem Abstand in Kästen gesät oder gepflanzt und an Schnüren oder Rankhilfen gezogen, es geht auch in größeren Containern mit pyramidenförmig eingesetzten Stäben.

Verwenden Sie nur die speziellen Balkonsorten wie 'Sandra' oder 'Bush Champion', die ca. 30 cm lange Früchte tragen. Andere Sorten sind kaum geeignet.

Beim Saatgut auf Mehltauresistenz achten, rein weiblich blühende Sorten nehmen, weil bei diesen meist jede Blüte eine Frucht bringt.

Von Andenbeere bis Zucchini

Gurken müssen warm, sonnig und vor allem windgeschützt stehen, am besten vor einer warmen Wand. Trotz Mehltauresistenz des Saatgutes können Gurken in kühlen, nassen Sommern stark mit diesem Schadpilz befallen werden. Vorbeugende Spritzungen mit dem auf Seite 87 beim Pflanzenschutz erwähnten biologischen Mittel »Bio-Blatt« helfen sehr, die Pflanzen gesund zu erhalten. Auf der Packung empfohlene Folgespritzungen sollten durchgeführt werden.

Gurken lieben humusreiche, lockere Erde, deshalb der Kastenfüllung $1/_3$ Kompost zufügen. Alle 2 Wochen mit organischem Dünger nachversorgen und gut feucht halten.

Kartoffeln

In mit Bodenabzugslöchern versehene Wassereimer werden auf eine dünne Erdschicht 2–3 vorgekeimte Kartoffeln gelegt. Man nimmt am besten dazu Saatkartoffeln, es funktioniert aber auch mit gekeimten Speisekartoffeln. Aussaatzeit ist zwischen April bis spätestens Mitte Mai. Die ausgelegten Kartoffeln mit einer dünnen Erdschicht abdecken und sparsam angießen. Wenn das

1 Die vorgekeimten Kartoffeln werden auf eine Schicht Erde (ca. 10 cm) gelegt und abgedeckt.
2 Ist das Grün ca. 15 cm hoch, Erde bis unter die Blätter nachfüllen.
3 Das Nachfüllen wiederholen, bis der Eimerrand erreicht ist.

Von Andenbeere bis Zucchini

Grün ca. 15 cm hoch gewachsen ist, Erde bis unter die Blätter nach- füllen und wieder etwas angießen. So weiter verfahren, bis die Eimer bis zum Rand mit Erde gefüllt sind. Nach der Blüte, wenn die unteren Blätter gelb werden, wird geerntet. Kartoffeln gedeihen im Freilandan- bau am besten auf mageren Sand- böden. Deshalb reicht als Düngung die Zugabe von $\frac{1}{3}$ Kompost zur Erde. Boden immer nur leicht feucht halten.

Links: Das Kartoffellaub sollte später ange- bunden werden.

Unten: Wenn das Kartoffellaub zu welken beginnt, kann geerntet werden.

Von Andenbeere bis Zucchini

Kohlarten

Sie eignen sich, da sie viel Platz beanspruchen und auch langsam wachsen, weniger für die Balkonkultur. Das Ernteergebnis würde nicht lohnen. Wollen Sie es trotzdem probieren, so empfehle ich Ihnen, statt eigener Anzucht ein paar wenige Pflänzchen vorgezogen im Samenfachhandel, auf dem Wochenmarkt oder im Gartencenter zu kaufen. Nur als Einzelpflanzen in großen Töpfen ziehen. Alle Kohlarten sind sogenannte »Starkzehrer«, das heißt, sie haben hohen Nährstoffbedarf. Alle 14 Tage mit organischem Dünger versehen und gut gießen.

Kohlrabi

Sie sind gut in Kästen zu ziehen, bei der Riesensorte 'Superschmelz' ist Einzelpflanzung in größeren Töpfen ratsam. Normale Sorten können als vorgezogene Pflanzen gekauft werden. Bei Selbstaussaat empfehle ich die Sorten 'Lanro' weiß oder blau, die große, zarte Knollen bringen. Auch 'Superschmelz' muß selbst angezogen werden, da vorgezogen nicht erhältlich.
Die Aussaat kann im Freien ab Mitte April in geschützter Lage erfolgen, weit besser aber ist es, die Pflanzen ab März im Zimmer vorzuziehen und einzeln zu verpflanzen, dadurch ergibt sich ein erheblicher Wachstumsvorsprung mit früherem Ertrag. Die erwähnten Sorten sollten alle 2 Wochen mit organischem Dünger versorgt werden, da sie zur Ausbil-

Einzeln in große Töpfe gepflanzt, bringt die Kohlrabisorte 'Superschmelz' große Knollen.

dung großer Knollen ausreichende Ernährung brauchen. Die Erde muß gleichmäßig feucht gehalten werden. Trocknet sie einmal aus, können die Knollen platzen (!).

Melonen

Honigmelonen können wie Gurken gezogen werden. Wie diese sind auch alle Melonen sehr frostempfindlich und für Freilandaussaat nicht geeignet. Deshalb unbedingt – ab März – im Zimmer vorkultivieren. Düngen, wässern und vorsorglicher Schutz wie bei den Gurken erwähnt. Melonen brauchen einen sonnigen, warmen, windgeschützten Standort.

Von Andenbeere bis Zucchini

Zierpaprika trägt eßbare, milde Früchte, die gut im Salat verwendet werden können.

Paprika

Gemüse-, Tomaten- oder Zierpaprika (letzterer mit langen, schmalen, spitz zulaufenden Früchten als Sorten 'Festival' oder 'Sweet Banana') lassen sich gut in Kästen oder – einzeln gepflanzt – in Töpfen ziehen. Paprika ist sehr frostempfindlich und sollte daher ab März im Zimmer vorkultiviert werden. Während des Wachstums mehrmals umtopfen, damit sich kräftige Wurzeln entwickeln können. Erst nach den Eisheiligen ins Freie umpflanzen. Regelmäßig feucht halten, alle 2 Wochen düngen und für einen warmen, sonnigen Standort sorgen.

Pilze

Für die Anzucht von Austernpilzen oder Shii-Take sind beimpfte Stämme fertig zu kaufen (Bezugsquellenverzeichnis). Ferner ist die Selbstanzucht von Austernpilzen in Plastiksäcken oder in aufeinandergesetzten Obstkisten (ein sogenannter »Pilzturm«) mit dem Neudorff-Pilzsubstrat möglich. Es ist eine Komplett-Packung mit Substrat und Anzuchtsäcken, sowie ausführlicher Anleitung erhältlich. Hiermit ist die Versorgung einer 4köpfigen Familie möglich. Neu auf dem Markt ist – vom gleichen Anbieter – eine Shii-Take-Kultur. In einer Art übergroßen Konservendose befindet sich ein Substratblock aus gepreßtem, mit Pilzbrut beimpftem Stroh. Nach gründlichem Wässern wachsen auf diesem Block in 6 Erntewellen die würzigen Shii-Take-Pilze.

Als Neuheit gibt es Shii-Take-Pilze, die auf schon beimpften Substratblöcken wachsen.

Von Andenbeere bis Zucchini

Radieschen lassen sich sehr erfolgreich in Obstkistchen aussäen.

Radieschen

Hier können Sie vom Frühjahr bis in den Herbst ernten. Die Frühsorten, die für niedrigere Temperaturen geeignet sind, werden im Frühjahr ab März im Freien ausgesät und dann noch einmal ab September für die Herbstversorgung. Dazwischen sogenannte »Sommersorten« verwenden. Radieschen werden in Kästen in zwei Reihen ausgesät, jede Reihe ca. 5 cm vom Kastenrand entfernt. Da Radieschensamen recht groß sind, lassen sie sich bequem im richtigen Abstand von mindestens 5 cm von Hand einzeln aussäen. Dichter gesät behindern sich die Pflanzen und können so entweder gar keine, oder nur zu kleine Früchte bilden. Grundversorgung mit $1/3$ Kompost zur Kastenerde, bei Folgesaaten im gleichen Kasten den Boden vorher neu mit Kompost oder organischem Dünger versor-

gen. Der Anbau ist auch in Obstkisten möglich (siehe dazu Seite 35). Auch hier Einzel- und Reihenabstand mindestens 5 cm, besser noch etwas weiter.

Rote Beete

Sie können in Reihenaussaat in Blumenkästen gezogen werden. Dabei nur 2 Reihen vorsehen (wie bei Radieschen). Auf 10 cm Abstand vereinzeln, sonst bilden sich keine Früchte. Nehmen Sie eine runde Sorte und ernten Sie sie früh als sogenannte »Baby-Beets«, kleine, runde Kugeln. Die Aussaat ist ab Mitte April möglich, es sollte alle 3–4 Wochen gedüngt werden.

Rote Bete aus dem Balkonkasten sollten früher als im Freiland geerntet werden.

Von Andenbeere bis Zucchini

Für Kästen und Töpfe eignet sich am besten
Pflücksalat, den es in diversen Sorten gibt.

Salat

Der Anbau ist nur als Pflücksalat
lohnend, weil hierbei die Pflanze
stehenbleibt und nach dem Ernten
einzelner Blätter immer wieder welche nachwachsen. Dadurch ist auch
der Einzelanbau in Töpfen möglich.
Es werden immer nur die Außen-
blätter (!) geerntet, die Herzblätter
müssen unbedingt zum Nachwachsen stehenbleiben! Wenn möglich,
vorgezogene Pflanzen kaufen, weil
einige wenige ausreichen und die
eigene Aussaat zu viel Pflänzchen
erbringt. Salat kommt mit wenig
Dünger aus, weil er ein sogenannter
»Schwachzehrer« ist. Sparsame
Nachdüngung alle 4 Wochen reicht
aus.
Löwenzahn (Neuzüchtung) kann als
Salatpflanze ab März und dann
noch einmal ab September gezogen
werden, dann in Reihen im Kasten.
Nach dem Aufgehen der Samen auf
ca. 5 cm vereinzeln. Neu auf dem
Markt ist die 'Ruca – Salatrauke'
von Sperling, eine Pflanze, deren
Blätter etwas an Radieschen und im
Geschmack leicht an Kresse erinnern, aber milder und leicht nuß-
artig.
Aussaat ab März ebenfalls in 2 Reihen in Kästen, Folgesaaten bis September möglich. Die Ernte erfolgt
jeweils nach 3–5 Wochen. Salatrauke ist sehr leicht zu kultivieren,
die Blätter werden entweder allein
als Salat angerichtet oder anderen
Salaten beigemischt. Bei Sperling
neu im Sortiment.
Für die Nachkultur ist im Herbst bis
in den Winter hinein der Anbau von
Feldsalat (Rapunzel oder Winterpor-
tulak) möglich.

Spinat

Als Nachfrucht in abgeerntete Kästen kann Spinat in jeweils 2 Reihen
pro Kasten ausgesät werden. Vorher die Erde allerdings mit Kompost
oder organischem Dünger aufdün-
gen. Da Spinat winterhart ist, kann
sehr lange geerntet werden.
Der »Neuseeländer Spinat« ist nicht
winterhart. Er wächst im Gegensatz
zu den bekannten Sorten als Einzel-
pflanze hoch und buschig. Hier ist
empfohlen, jeweils nur 2 Pflanzen in
einen großen Topf zu setzen, wobei
4 Pflanzen für einen 2-Personen-
Haushalt ausreichen. Er wird wie
Blattspinat verwendet.

Von Andenbeere bis Zucchini

Tomaten

Sie sind die weitaus bekannteste und beliebteste, dabei unkompliziertste und robusteste Balkon-Nutzpflanze. Es gibt die runden Standardsorten, eiförmige italienische (Sorte 'Roma' z. B.), Fleischtomaten und die kleinen, runden Kirsch- oder Cocktailtomaten. Dazu eine gelbfrüchtige Art und kleine, buschig wachsende Topf- oder Balkontomaten. Alle sind für Balkon und Terrasse geeignet. Sie sind sehr frostempfindlich, müssen daher – ab März – im Zimmer vorgezogen werden. Anzucht entweder in Fensterbank-Gewächshäusern auf Torf-Quelltabletten (dann im Vierblatt-Stadium umpflanzen) oder direkt in Torftöpfe, mit denen sie dann gut durchwurzelt erst nach den Eisheiligen ins Freie gesetzt werden. Bei runden Normalsorten, ovalen italienischen, Cocktail- und Fleisch-

Selbst in Töpfen gepflanzt, tragen Balkon-Buschtomaten reichlich Früchte.

Die kleinen, süßen Cocktailtomaten gibt es jetzt auch als goldgelbe Sorte.

tomaten nur eine Pflanze in einen Wassereimer setzen, Balkon- oder Buschtomaten entweder einzeln in Töpfen ziehen oder mit entsprechendem Abstand (höchstens 4 Pflanzen pro Kasten) in Kästen. Tomaten sind »Säufer«, das heißt, sie brauchen zum Wachsen und Fruchtansatz viel Feuchtigkeit, sie scheiden aber auch über ihr reichliches Blattwerk aufgenommenes Wasser wieder aus. Im Sommer deshalb morgens und abends gießen, alle 2 Wochen kräftig organisch düngen. Außer den Buschtomaten sind Stäbe als Stützen notwendig, aber auch die kleinen Busch- oder Balkontomaten brauchen bei starker Fruchtbildung Unterstützung, weil die Pflanzen sonst eventuell umknicken können. Sonniger Standort ist für alle Tomatensorten

Von Andenbeere bis Zucchini

Werden Zucchini handlang geerntet, setzt die Pflanze immer wieder reichlich neue Früchte an.

Unten: Melonensquash, eine neue Art Speisekürbis, wächst an Rankhilfen auch auf dem Balkon.

zur Bildung roter, reifer Früchte notwendig. In kühlen, feuchten Sommern vorbeugend und weiter als Schutz gegen Kraut- und Fruchtfäule »Bio-Blatt« spritzen.

Zucchini

Sie sind als grün- und gelbfrüchtige Sorten im Angebot, letztere Sorte etwas empfindlicher. Einzelpflanzung in Wassereimern oder großen Töpfen. Sie sind frostempfindlich, daher unbedingt vorziehen (ab April im Zimmer) und erst nach den Eisheiligen ins Freie setzen. Reichlich wässern und düngen. Zucchini vertragen auch halbschattigen Standort. Werden die Früchte noch klein, etwa in Größe von kleinen Gurken, geerntet, erfolgt weiterer, reicher Fruchtansatz. Auch hier ist – wie bei Gurken empfohlen – Vorsorge gegen Mehltau angebracht.
Verwandt mit den Zucchini sind als Speisekürbisse die kletternden Ar-

ten: UFO, Spaghettikürbis und Melonensquash. Diese Arten brauchen Rankhilfen, wie Melonen und ebenfalls Schutz gegen Mehltau. Sonniger Standort ist notwendig.
Liebe Leser, dies war ein Überblick über die Gemüsearten, die für den Anbau auf dem Balkon geeignet sind und ausprobiert wurden. Weitere Experimente stehen Ihnen natürlich frei, wenn Sie nach Ihrem ersten Jahr als »Balkongärtner« schon etwas Erfahrung gesammelt haben.

Obst

Allakerbeere
Trägt Früchte, die in Aussehen und Geschmack den Himbeeren ähneln. Sie ist aber niedrigwüchsig, wird nur ca. 10–15 cm hoch und wächst als Bodendecker. Die Anpflanzung ist aber in Balkonkästen möglich. Nur 2 Pflanzen pro Balkonkasten setzen, Bodenansprüche wie bei Himbeeren erwähnt.

Andenbeere
Diese Beerenart ist mit der bekannten Lampionblume verwandt, in den statt roten gelben, papierartigen Lampions reifen gelbe, kirschgroße Früchte, die leicht säuerlich schmecken, etwa wie eine Mischung aus Kiwi und Stachelbeere. Sie werden wie Tomaten aus Samen gezogen, können auch als vorgezogene Pflanzen bei Horstmann (Bezugsquellenverzeichnis) gekauft werden. Einzelpflanzung in Wassereimern oder großen Töpfen notwendig. Andenbeeren sind zwar – laut Hinweis auf den Samentüten – einjährig, schneidet man sie aber im Herbst herunter und werden sie im Haus überwintert, treiben sie in den folgenden Jahren immer wieder neu aus. Kräftig düngen und gut wässern, ernten, wenn die Lampions gelb und trocken sind.
Wegen des säuerlichen Aromas zum Frischverzehr nicht jedermanns Geschmack, aber gut zu Marmelade geeignet.

Andenbeeren können, innen überwintert, mehrjährig sein. Sie vertragen keinen Frost.

Apfelbäumchen
Siehe »Minibäumchen«.

Aprikosen
Siehe »Minibäumchen«.

Brombeeren
Sie sind als sogenannte »Ampelbrombeeren« im Versandhandel erhältlich, bringen aber dann keinen

Ampelbrombeeren für den Balkon.

Von Andenbeere bis Zucchini

besonderen Ertrag, höchstens Kostproben. Als empfehlenswerte dornenlose Sorte können sie in größeren Kübeln oder rechteckigen Pflanzgefäßen an einer sonnigen Wand gezogen werden, wo genügend Platz ist. Da sie sauren Boden lieben, ist die Pflanzung in Rindensubstrat empfehlenswert. Gut wässern und düngen. Rankhilfe ist nötig in Form von Gittern, Schnüren oder Drähten. Um reife Früchte zu bekommen, brauchen sie einen sonnigen, warmen Standort. Sie sind zwar frosthart, zumindest aber bei den Ampelbrombeeren sollten sie im Inneren überwintern. Die abgetragenen Ruten im Herbst abschneiden, im Frühjahr wachsen neue nach.

Erdbeeren

Sie sind als Balkonkastenerdbeeren, in Ampeln als hängende und an pyramidenförmigen Stäben in großem Behälter als kletternde Sorten erhältlich. Alle sind sogenannte »immertragende« Sorten, das heißt, sie blühen und fruchten gleichzeitig von Anfang Juni bis in den Herbst hinein, in Jahren mit warmen Herbstmonaten sogar bis Anfang November. Als kleinfrüchtige Monatserdbeeren auch im Kasten zu ziehen.

Da auch Erdbeeren leicht sauren Boden lieben, sei die Beimischung von $1/3$ Rindenkompost zur Pflanzerde empfohlen. Sonniger Standort ist zur Ausbildung reifer, süßer Früchte nötig. Gut wässern und – da ja immer wieder Früchte nachwachsen – nach dem jeweiligen Ernten alle 2 Wochen organisch nachdüngen. Gegen die Pilzkrankheit Grauschimmel an Früchten mit »Bio-Blatt« direkt in die Blüte spritzen (Vorbeugung). Erdbeeren können im Freien überwintern, dazu Kästen abhängen und auf Balkon oder Terrasse geschützt aufstellen.

Erdbeerbaum

Diese Bäumchen sind im Versandhandel erhältlich. Der Ertrag ist ziemlich gering, aber die leuchtend roten Früchte sind auch ein schöner Balkonschmuck. Gut wässern und düngen.

Die Klettererdbeeren (vorn) sind nicht mit dem »Erdbeerbäumchen« (hinten) verwandt.

Von Andenbeere bis Zucchini

Blühende Heidelbeeren.

Johannisbeer-Hochstämmchen.

Heidelbeeren
Die Sorte 'Tophat' wird nur 40 cm hoch, ist aber reichtragend und deshalb für die Balkonkultur in großen Töpfen oder als Unterpflanzung bei Beerenhochstämmchen oder Minibäumchen geeignet. Allein gepflanzt sollten sie in Rindensubstrat stehen, weil sie sauren Boden lieben. Bei Unterpflanzung Rindenkompost in die Pflanzlöcher geben. Da hier höherer Nährstoffbedarf besteht, die Bäumchen flüssig düngen, um die Heidelbeeren als Versorgung Rindenkompost geben. Heidelbeeren sind winterhart und können zusammen mit den Minibäumchen oder bei gesonderter Pflanzung in ihren Behältern überwintern. 'Tophat' ist reichblühend.

Himbeeren
Wie bei den dornenlosen Brombeeren erwähnt nur dort zu empfehlen, wo genügend Platz vorhanden ist. An sonnigen, warmen Wänden mit Rankhilfen ziehen, nach der Ernte die abgetragenen Ruten abschneiden. Empfohlene Sorte ist die immertragende 'Zeva', die bei gutem Wetter bis zum Oktober trägt. Auch hier ist Rindensubstrat angebracht, weil sie sauren Boden lieben. Gut düngen und wässern. Können ebenfalls im Freien überwintern.

Johannisbeeren
Als Hochstämmchen im großen Pflanzbehälter sind die rot- und gelbfrüchtigen Sorten gut für Balkon und Terrasse geeignet. Im ersten Jahr ist der Ertrag noch be-

Von Andenbeere bis Zucchini

Weiße Johannisbeere.

Mini-Obstbäumchen mit 2 Sorten.

scheiden, ab zweitem Jahr sehr erfreulich. Sie können bei entsprechendem Winterschutz (siehe Seite 93) gut im Freien überwintern. Kräftiges Wässern und gute organische Düngung sorgt auch für gute Ernten. Wie sie geschnitten werden sollten, erfragen Sie am besten bei einem Gärtner oder – wenn Sie sie im Gartencenter statt im Versand erwerben – beim Verkäufer.

Kirschbäumchen
Siehe unten.

Mini-Obstbäumchen
Alle hier genannten Arten gibt es als Spezialzüchtungen für Balkon und Terrasse bei Versendern. Sie werden nur ca. 1,50 m hoch, tragen aber für diese Größe erstaunlich

gut. Ernten sind allerdings erst ab 2. bis 3. Jahr nach Pflanzung zu erwarten. Diese Bäumchen sind winterhart, können also draußen überwintern. Etwas Frostschutz ist jedoch empfehlenswert (siehe Seite 93). Minibäumchen sollten aber keinesfalls während Blüte und Fruchtansatz mehr umgesetzt werden, falls Sie sie im Hause überwintert haben, sonst können die Früchte abfallen. Also früh genug wieder ins Freie bringen. Damit die kleinen Bäumchen gut tragen, sollen sie immer gut gewässert und gedüngt werden. Auch im Winter bei frostfreiem Wetter ab und zu sparsam gießen. Lesen Sie dazu noch einmal im Kapitel »Wintermantel für Sommergäste« nach. Schnittmaßnahmen bitte bei einem Gärtner erfragen.

Von Andenbeere bis Zucchini

Nektarinen gedeihen am warmen Standort.

Tayberries sind mit Himbeeren verwandt.

Die roten Früchte des Tomatenbaums.

Nektarinen
Siehe oben.

Preiselbeeren
Sie sind im Kasten oder als Unterpflanzung von Hochstämmchen und
Minibäumchen geeignet. Bitte lesen
Sie nach, was bei Heidelbeeren erwähnt ist und verfahren Sie sinngemäß.

Tayberries
Sie werden wie Himbeeren kultiviert, haben aber größere, längliche
Früchte. Sie ranken nicht so stark,
wie Himbeeren und können deshalb
mit Stütze in Einzeltöpfen entsprechender Größe gezogen werden.
Brauchen Sonne.

Tomatenbaum (Tamarillo)
Dieser exotische Gast auf Balkon
und Terrasse ist bereits auf Seite
24 beschrieben worden. Bitte lesen Sie dort noch einmal nach. Die
Anzucht aus Samen gekaufter
Früchte ist zu empfehlen, da der
bisherige Anbieter (Samen-Sperling) die Samen wohl aus dem Angebot nehmen wird. Die Selbstanzucht klappt aber sehr gut.
Die Bäumchen sind sehr frostempfindlich, deshalb unbedingt im
Hausinneren überwintern. Nach Blü-
ten- und Fruchtansatz die Bäumchen nicht mehr umsetzen, weil
sonst sowohl die Blüten, als auch
die wachsenden Früchte abfallen
und nichts geerntet werden kann.

Sortenempfehlungen

Nun, fast am Ende des Buches, möchte ich Ihnen – gewissermaßen noch einmal auf einen Blick – ein paar Sorten empfehlen.

Verstehen Sie diese Hinweise bitte nicht falsch – Sie sollen nun nicht unbedingt nur die hier vorgestellten Sorten verwenden, und ich kann Ihnen auch nicht alle für die Balkongärtnerei geeigneten Samenarten aufzählen.

Vielmehr will ich Ihnen die Wahl erleichtern, indem ich Ihnen einmal gemachte gute Erfahrungen weitergebe und zum zweiten über Sorten berichte, die ich beim Durchblättern von Samenkatalogen gefunden habe und die mir als besonders geeignet erscheinen. Kataloge übrigens, die in erster Linie für Fachhändler gedacht sind oder an Journalisten weitergegeben werden und deshalb Ihnen nicht zugänglich sind.

Um von vornherein Mißverständnissen aus dem Wege zu gehen, möchte ich ausdrücklich betonen, daß hier keine Wertung beabsichtigt ist.

Lassen Sie mich in der bisher benutzten Reihenfolge bleiben und mit Spezialitäten bei den Kräutern beginnen, die gängigen Sorten halte ich ohnehin für gleichwertig, von welchem Zuchtbetrieb Sie sie auch kaufen mögen.

Basilikum

Da wäre einmal das rotblättrige Basilikum. Bei Sperling wird es unter dem Namen 'Rothaut' verkauft, bei Juliwa heißt es 'Moulin Rouge', andere Samenzüchter haben dafür wieder unterschiedliche Namen. Diese Würzpflanze unterscheidet sich vom grünen Basilikum nur durch die attraktive rote Farbe, im Geschmack ist sie gleich. Beim grünen Basilikum empfehle ich die großblättrigen Sorten, wie zum Beispiel 'Genoveser' von Juliwa. Aber auch das gibt es mit anderem Namen von verschiedenen Anbietern. Die großen Blätter eignen sich besonders, wenn Sie italienische grüne Pesto-Soße für Spaghetti mögen oder als würzige Krönung auf Tomatenscheiben mit Mozzarella-Käse.

Schnittlauch

Eine weitere, neue Besonderheit unter den Kräutern ist Schnittlauch mit Knoblaucharoma. Im Handel als Sperling's 'Knolau' oder 'Wagners Kobold' von Juliwa, auch von anderen Züchtern als »Chinalauch« angeboten.

Sie werden wahrscheinlich schon gemerkt haben, daß es Saatgut der gleichen Sorte von verschiedenen Anbietern gibt, das sich nur im Namen unterscheidet. Natürlich ist die Qualität gleich gut, da ja die meisten Samenfirmen vom gleichen Großzuchtbetrieb das Saatgut beziehen. Das gilt natürlich auch weitgehend für Gemüse, so zum Beispiel für normal hoch wachsende Cocktailtomaten. Anders ist es bei Spezialsorten, die manchmal nur ein Anbieter führt. Auf die möchte ich Sie dann jeweils besonders hinweisen.

Erbsen

Bei Erbsen möchte ich Sie auf eine Besonderheit aufmerksam machen: Eine winterfeste Sorte, die bereits zwischen Ende September und Mitte Oktober in abgeerntete Kästen neu ausgesät werden kann und winterhart bis $-12\,°C$ ist. Sie benötigt keinen Draht, weil sie nur 50 cm hoch wird. Durch die Aussaat im Herbst bringt diese Erbse schon Anfang bis Mitte Juni reiche Erträge (Sperling's 'Resi').

Ferner gibt es neuerdings eine – schon erwähnte – Sorte mit hellfliederfarbenen Blüten und violetten Hülsen (aber nach wie vor grünen Kernen): Blauschalerbse 'Capucijners' von Gärtner Pötschke (von dort nur Katalogversand, nicht im Handel!).

Bohnen

Blauschalige Stangenbohnen erhalten Sie als 'Royal Burgundy' von Sperling und 'Blauhilde' von Juliwa, vom gleichen Züchter als blauhülsige Buschbohne mit Namen 'Purpiat'. Diese Bohnen werden beim Kochen wieder grün!

Wachsbohnen können Sie sowohl als Stangenbohnen an Schnüren wie auch als Buschbohnen im Kasten ziehen. Folgende Sorten bieten sich dafür an: Buschbohne Wachs 'Goldetta' von Sperling und 'Roc-

dor' von Juliwa, beides frühe und gut tragende Sorten.

Gurken

Wissenswertes Neues gibt es auch bei den Gurken, weil sich hier Sorten finden, die ausdrücklich für den Balkonkasten oder sogar die Zimmerkultur angeboten werden. Neben der schon erwähnten 'Sandra', die schon überall im Handel erhältlich ist, kommt jetzt von Juliwa die 'Bush Champion' hinzu, die sogar in Einzelpflanzung in Töpfen von ca. 40 cm Durchmesser gezogen werden kann. Wenn bei der 'Bush Champion' die Früchte laufend geerntet werden, haben sie eine sehr lange Ernteperiode bis in den Herbst – vorausgesetzt, das Wetter ist auch günstig.

Kohlrabi

Die genannten Kohlrabisorten erhalten Sie überall im Samenfachhandel, die »normalgroßen« Sorten 'Lanro' (weiß) und 'Blaro' (blau), die auch bei Kultur in Kästen, Pflanzsäcken und größeren Behältern faustgroße Knollen bringen, eignen sich gut für Balkon und Terrasse. Wie gut die erwähnte Riesensorte 'Superschmelz' bei Einzelpflanzung in großen Töpfen beachtliche Knollen wachsen läßt, können Sie ja auf dem Foto von Seite 105 deutlich sehen.

Beim Tomaten- und Gemüsepaprika können Sie alle im Handel erhältlichen Sorten verwenden – vorausge-

Sortenempfehlungen

setzt, Sie können den Pflanzen die notwendigen Wachstumsbedingungen bieten. Die erwähnten Sorten mit den schmalen, länglichen und milden Früchten erhalten Sie als 'Sweet Banana' von Juliwa und 'Festival' von Sperling. Beide sind nach Angaben der Anbieter hervorragend für die Kultur in Töpfen und Balkonkästen geeignet. Beide Sorten habe ich selbst ausprobiert, kann deshalb die Züchterangabe bestätigen und als Empfehlung an Sie weitergeben. Aus der gleichen Familie stammt der Zierpfeffer 'Sperling's Peppi', als Topfpflanze bezeichnet, der kleine, aber sehr scharfe eßbare Früchte trägt – die bekannten Peperoni! Als Topfpflanze auf Balkon und Terrasse erfreut 'Peppi' durch das Farbenspiel, das die Früchte während der Reife zeigen: Von grün über gelb-lila bis leuchtendrot.

Rote Rüben
Die als »Baby-Beets« bezeichneten, kleinen – weil jung geernteten – Roten Rüben ziehen Sie am besten mit dem Saatgut 'Rote Kugel Probat' von Sperling. Es wird vom Züchter für diese Art der Verwendung speziell empfohlen.

Salate
Wenn Sie einen gesonderten Kasten mit Pflücksalaten versehen möchten, versuchen Sie vielleicht einmal einen »bunten Kasten«, das heißt verschiedenfarbige Salate nebeneinander. Zum Beispiel: Gelber Eichblattsalat, Roter Eichblattsalat und grüner 'Grand Rapids Sperling's Sally' (alle von Sperling). Das sieht nicht nur im Kasten hübsch aus, sondern auch in der Salatschüssel. Eine ähnliche Zusammenstellung erhalten Sie auch mit 'Amerikanischer brauner', 'Australischer gelber' und 'Red Salad Bowl' (alle von Juliwa).

Tomaten
Bei Buschtomaten habe ich mit zwei Sorten eigene, gute Erfahrungen gemacht. Diese kleinwüchsige Sorte eignet sich gut für Kästen und – einzeln gepflanzt – für etwas größere Blumentöpfe. Juliwa hat die Sorte 'Balkonstar', bei Sperling gibt es eine Topftomate mit fast normalgroßen Früchten unter dem Namen 'Patio' und eine kleinfrüchtige 'Tiny Tim'.
Gelbfrüchtige, normalgroße Tomaten erhalten Sie als 'Goldene Königin' von Sperling, goldgelbe Cocktailtomaten 'Wagners Mirabell' von Juliwa.

Zucchini, Kürbis
Saatgut für den erwähnten Melonen-Squash erhalten Sie unter dem Namen 'Early Butter Nut' von Sperling. Aus der Familie der Speisekürbisse ist vom gleichen Züchter ein sogenannter »Spaghetti-Kürbis« im Angebot. Sie sollten ihn einmal vielleicht probieren. 2 Pflanzen genügen. Im Inneren der zartgelben Früchte, die reichlich an langen

Ranken wachsen, findet sich ein Fruchtfleisch, das wie Spaghetti aussieht. Man kann es entweder dünsten und als Gemüse essen oder wie Spaghetti mit Tomaten- und Fleischsoße anrichten.

Obst

Lassen Sie mich Ihnen noch einmal kurz etwas zum Balkonobst sagen: Kletter- und Hängeerdbeeren erhalten Sie bei fast allen Katalogversendern in gleich guter Qualität, Erdbeerampeln bisher nur bei Horstmann, Elsmhorn, ebenso wie die Brombeerampeln. Die Himbeere 'Zeva' sowie die Alakkerbeere habe ich bisher nur beim Willemse-Versand gefunden. Ebenfalls bei Willemse – und auch bisher nur dort – fand ich die Heidelbeere 'Tophat'. Diese kann ich Ihnen deswegen besonders empfehlen, weil sie eben so kleinwüchsig ist und gut in Pflanzbehälter auf Balkon und Terrasse paßt.

Bei Minibäumchen müssen Sie aufpassen. Achten Sie darauf, daß manche Obstbäumchen »Pollenspender« brauchen, das heißt, für den Fruchtansatz muß ein Baum einer anderen Sorte in der Nähe stehen. Wo das nicht extra im Katalog vermerkt ist, können Sie im allgemeinen davon ausgehen, daß die Bäumchen »selbstfruchtbar« sind, das heißt, die Blüten werden mit den Pollen anderer Blüten desselben Baumes bestäubt.

Willemse bietet zum Beispiel drei Kirschsorten an, die für Balkon und Terrasse zur Pflanzung in 60-cm-Kübeln geeignet sind: Die süße 'Große späte Knorpelkirsche', die süße dunkelrote 'Van' und die hellrote, süße 'Napoleon'. Knorpelkirsche und 'Napoleon' brauchen jeweils als Pollenspender und somit zweiten Baum auf dem Balkon oder der Terrasse einen 'Van'. Hingegen kann 'Van' nicht beliebig mit einer der beiden anderen Sorten zusammengestellt werden, sondern nur mit 'Napoleon'.

Das ist aber im Katalog nachzulesen, und wo Sie Zweifel haben, fragen Sie brieflich oder telefonisch sicherheitshalber beim Versender nach. Man hilft Ihnen dort sicher gern mit Rat und Tips.

Die reichhaltigsten Angebote finden Sie bei Horstmann und Willemse (Adressen im Bezugsquellenverzeichnis).

Nachwort

Liebe Leser, ich hoffe, daß es mir gelungen ist, Ihnen über das Nutzgärtnern auf Balkon und Terrasse soviel mitzuteilen, wie möglich und wie es der Rahmen eines Taschenbuches zuläßt.

Es würde mich freuen, wenn Sie in diesem Buch Anregung und Ansporn gefunden haben, in Ihrer eigenen Umgebung blühende und fruchtbare Natur anzusiedeln, nützliches Grün in das Grau der Städte zu bringen, aber auch ein wenig Verständnis und Freude im Umgang mit der Natur und ihren kleinen und großen Wundern zu entdecken.

Üblicherweise steht am Ende eines Buches ein »Dankeschön«. Und so bedanke ich mich auch bei all den vielen netten und hilfsbereiten Menschen, die mit Rat und Tat zur Seite gestanden haben, bei denen, auf deren Terrassen und Balkonen die Versuchspflanzungen entstanden. Danken möchte ich aber auch all denen, die in Verlag und Lektorat, in der Setzerei und der Druckerei aus einem Manuskript ein – hoffentlich Ihrer Meinung nach – gutes und brauchbares Buch gemacht haben. All denen Dank und Ihnen viel Freude.

Bezugsquellen

PFLANZGEFÄSSE

Alle gängigen Pflanzgefäße sind erhältlich im Samenfachhandel, in Gartencentern und bei den Spezialversendern, deren Adressen am Ende dieser Hinweise zu finden sind.

Pflanzgefäße mit eingebautem Wasserspeicher im Fachhandel und in Gartencentern. Sie sind nicht immer am Lager, müßten gegebenenfalls bestellt werden.

Fasergefäße sind noch selten im Fachhandel oder in Gartencentern zu finden. Händlernachweis erteilt für den Bereich Ihres Wohnortes die Generalvertretung:
Firma Erin GmbH
Paul-Thomas-Straße 52
4000 Düsseldorf 13

Pflanzsäcke

Diese Pflanzsäcke werden von der Firma Euflor hergestellt. Sie werden im Fachhandel und in Gartencentern unter dem Produktnamen »Plantahum« verkauft. Wenn nicht erhältlich, Händlernachweis über:
Firma Euflor
Nymphenburger Straße 37
8000 München 2

ERDEN

Aussaat-, Pikier- und Balkonkastenerden sind erhältlich im Gartenfachhandel und in Gartencentern. Teilweise auch in Supermarktketten und teilweise in Drogerien.

Einheitserde ist nicht überall vorrätig. Im Gartenfachhandel kann sie aber bestellt werden, Gartencenter machen sich selten die Mühe der Bestellung, wenn Einheitserde nicht im Sortiment vorhanden ist.
Händlernachweis für »Frux-Einheitserde« erhalten Sie auf Anfrage von:

Gebr. Patzer KG
6492 Sinntal 3 – Jossa

Urlaubserde mit Wasserspeichervermögen ist neu im Angebot.
Händlernachweis gibt der Hersteller:
Grolit – Vertrieb Deutschland
2879 Neerstedt

SAMEN

Sämtliche Kräuter-, Salat- und Gemüsesamen sind im Fachhandel und in Gartencentern erhältlich.

Katalog-Versender mit überdurchschnittlichem Samenangebot:
Gärtner Pötschke
Postfach 2220
4044 Kaarst

Keimsprossen-Sets sind ebenfalls im Fachhandel und in Gartencentern erhältlich. Sollte in Ihrer Nähe kein Angebot vorhanden sein, können Sie Händleradressen von den Herstellern erfragen:
Carl Sperling & Co.
Postfach 2640
2120 Lüneburg
und
Flora-Frey
Focher Str. 30–34
5650 Solingen 16

Pilze für die Balkonkultur werden bei einigen Fachhändlern und Gartencentern verkauft, hauptsächlich liefern aber die Katalog-Versender.
Champignon- und Egerlingkulturen als Fertigset in Styroporkästen bei den Versendern im Gartenkatalog.
Die Pilzkultur (Austernpilze) im Plastiksack sowie die Shii-Take-Kultur in der Dose wird von der Firma Neudorff vertrieben. Da Pilzkulturen nur eine begrenzte Lebensdauer haben und speziell gelagert werden müssen, sind sie

Bezugsquellen

selten vorrätig. Lieferadressen in Ihrer Nähe von Vertragshändlern bekommen Sie bei:
Firma W. Neudorff GmbH KG
An der Mühle 3
3254 Emmerthal 1

Fertig beimpfte Holzstämme mit Austernpilzen oder Shii-Take wurden bisher nur von der Burbacher Pilzfarm verschickt. Für die Balkonkultur eignen sich kurze, dicke Stammstücke, wie sie auf Seite 26 abgebildet sind.
Burbacher Pilzfarm
Blau-Kreuzheim-Str.
5909 Burbach-Holzhausen

OBST

Allakerbeeren
Willemse-Katharinenstift
Postfach 1264
4193 Kranenburg

Andenbeeren
Saatgut in Fachgeschäften, Gartencentern und bei den Katalogversendern. Vorgezogene Pflanzen bei:
Blumen-Horstmann
Postfach 540
Langelohe – Am Fischteich
2200 Elmshorn

Brombeeren
Als normalwüchsige, dornenlose Sorten für größere Pflanzgefäße bei den Versendern.
Als Brombeerampeln nur bei:
Blumen-Horstmann

Erdbeeren
Als für den Balkonkasten geeignete immertragende Sorten bei allen Versendern. Erdbeerampeln bei Blumen-Horstmann.
Hänge- und Klettererdbeeren ebenfalls bei allen Versendern.

Erdbeerbäumchen
Lieferbar bei Blumen-Horstmann.

Heidelbeeren (Blaubeeren)
Normalwüchsige Sorten teilweise in Gartencentern, außerdem bei den Versendern.
Kleinwüchsige Sorte »Top Hat« (besonders balkongeeignet) nur bei Willemse.

Himbeeren
Bei allen Versendern. Achten Sie auf Angebote öftertragender Sorten!
Himbeere »Zeva« bei Willemse.

Johannisbeeren
Als Hochstämmchen in Baumschulen, Gärtnereien, Gartencentern und bei den Versendern erhältlich.

Obstbäumchen (balkongeeignet)
Auf Mini-Obstbäumchen, die sich besonders gut für Balkon und Terrasse eignen, haben sich spezialisiert:
Blumen-Horstmann
Pfirsich, Nektarine, Apfel.
Willemse
Kirschen und Apfelbäumchen »Spur«.

Tayberries
Bei den Versendern, gelegentlich auch in Gartencentern.

Bezugsquellen

BIOLOGISCHE DÜNGER

Neudorff (Katalog anfordern) und Oscorna. Beide Hersteller sind auch in fast allen Fachgeschäften, Gartencentern und bei einem Teil der Versender gut vertreten.
Wurmhumus Humorgan:
Wurmhumusgenossenschaft Springe
Im Reite 14 A
3257 Springe 1

PFLANZENSCHUTZ- UND PFLEGEMITTEL

Die im Text erwähnten biologischen Pflanzenschutz- und Pflegemittel sind in Garten-Fachgeschäften und Gartencentern erhältlich, teilweise auch bei Versendern. Ansonsten Händlernachweis durch Firma Neudorff.
Oscorna – Corna Werk
Postfach 4267
7900 Ulm
Cohrs GmbH
Postfach 1165
2720 Rotenburg (Wümme)

ZUBEHÖR

Blumentreppen (für Kräuter)
Blumen-Horstmann
Gärtner Pötschke

Versandhaus Wenz
Postfach 30
7530 Pforzheim 100

Automatische Bewässerung
Die genannten Systeme Beta 8 und Beta 15 sind lieferbar bei:
Firma Ing. G. Beckmann
Simoniusstr. 10
7988 Wangen/Allg.

Hier noch die Adressen von Garten–versendern, die noch nicht erwähnt wurden:

Bakker Holland
Beeklaan 18
Postfach 613
NL-8180 AP Hillegom

Dehner Garten-Center
Postfach 1160
8852 Rain am Lech

Otto-Versand
2000 Hamburg 400
(Katalog anfordern)

Quelle Gartenversand
8510 Fürth 500

Register

Die fettgedruckten Zeilen sind Hauptstichworte. Darunter befinden sich jeweils dazugehörige Unterbegriffe.

Register

BLV Bücher – für Sie ausgewählt

BLV Garten- und Blumenpraxis 316

Friedrich Wilhelm Frenz / Peter Lechl / Albrecht Sturm

Balkon- und Terrassengärten

Zahlreiche Beispiele für Dauerbepflanzungen, Saison- und Kübelbepflanzungen; Ratschläge zu Pflanzgefäßen, Pflege, Düngung, Pflanzenschutz, Schädlingsbekämpfung.

2. Auflage, 128 Seiten, 95 Farbfotos, 13 s/w-Fotos, 34 Zeichnungen

BLV Gartenberater

Edgar Gugenhan

Bunte Gärten auf Balkon und Terrasse

Ob Saison- oder Dauerbepflanzung – mit diesem Buch können Sie Ihre Bepflanzungsideen auf Balkon, Loggia, Terrasse und Dachgarten verwirklichen. Dazu bietet Ihnen das Buch alles Wissenswerte – z. B. über Gefäße, Substrate, Erd- und Hydrokultur, Torfwände u. v. m.

183 Seiten, 107 farbige und 41 s/w-Fotos, 8 Zeichnungen

BLV Gartenberater

Peter H. Nengelken

Wintergärten und Überdachungen

Anleitungen zu Planung und Bau von Wintergärten und Überdachungen: Standortwahl, Materialauswahl, gesetzliche Vorschriften, Montageanleitungen mit Konstruktions- und Arbeitsbeschreibungen, Klimaregelung u. a.

2. Auflage, 143 Seiten, 62 farbige und 6 s/w-Fotos, 116 Zeichnungen

BLV Garten- und Blumenpraxis 315

Marie-Luise Kreuter

Biologischer Pflanzenschutz

Wirkungsvolle, natürliche Abwehrmittel gegen Schädlinge und Krankheiten: Vorbeugungsmaßnahmen, Berücksichtigung der Nützlinge, Anwendung hausgemachter Pflanzenschutzmittel und im Handel erhältliche Bio-Präparate.
Die Anleitungen sind auf spezielle Pflanzen und Schädlinge abgestimmt.

3. Auflage, 126 Seiten, 152 Farbfotos, 2 s/w-Fotos, 22 Zeichnungen

BLV Verlagsgesellschaft München